影像·记忆·档案中的
北京体育大学国际化之路

夏　天◎著

北京体育大学出版社

策划编辑　佟　晖　潘海英
责任编辑　潘海英
责任校对　赵红霞
版式设计　联众恒创

图书在版编目（CIP）数据

影像·记忆·档案中的北京体育大学国际化之路 / 夏天著 . -- 北京：北京体育大学出版社，2021.12
ISBN 978-7-5644-2022-2

Ⅰ . ①影… Ⅱ . ①夏… Ⅲ . ①北京体育大学—国际化—研究 Ⅳ . ① G649.2

中国版本图书馆 CIP 数据核字（2021）第 272387 号

影像·记忆·档案中的北京体育大学国际化之路
YINGXIANG · JIYI · DANG'AN ZHONG DE BEIJING TIYU DAXUE GUOJIHUA ZHI LU
夏　天　著

出版发行：北京体育大学出版社
地　　址：北京市海淀区农大南路 1 号院 2 号楼 2 层办公 B-212
邮　　编：100084
网　　址：http://cbs. bsu. edu. cn
发 行 部：010-62989320
邮 购 部：北京体育大学出版社读者服务部 010-62989432
印　　刷：北京顶佳世纪印刷有限公司
开　　本：710 mm × 1000 mm　1/16
成品尺寸：170 mm × 240 mm
印　　张：8.5
字　　数：147 千字
版　　次：2021 年 12 月第 1 版
印　　次：2021 年 12 月第 1 次印刷
定　　价：60.00 元

序

本书系我指导的博士研究生夏天在其学位论文基础上改编完成。虽然距离夏天博士毕业已经快 7 年了，但从论文的选题到完成，种种细节还历历在目。在我指导的众多博士生里，夏天经历算比较“另类”。2005 年从北京体育大学新闻专业（体育新闻方向）毕业后，他一直在中央电视台体育频道（CCTV-5）工作，期间他和学校多次联系合作，录制了《新春喜庆全明星》（北体冠军班晚会）、《谁是球王》（乒乓球总决赛）等节目，我们也在做节目中逐渐熟悉起来。之后，他通过北京体育大学与中央电视台体育节目中心合作的 CCTV-5 第二期研究生课程班拿到了硕士学位，后通过考试成为北京体育大学 2012 级博士研究生。在博士论文的开题准备阶段，夏天最初的想法是写体育传媒相关领域的选题，但我还是想让他从体育传媒人的角度去研究北京体育大学的历史。虽然那时候学校刚举办完建校 60 周年的庆祝活动，但是校史中的很多事件和人物还没有得到很好的挖掘和研究。校史研究工作是非常必要且重要的一项工作，它属于冷门的研究，平常很少有人专门去做。通过博士论文的写作，让研究者投入精力与时间去做这件事，应该能取得不错的效果。

夏天的博士论文第一次开题主题是研究北京体育大学的通史，涉及学校发展的各个方面。但在实操过程中，夏天遇到了巨大的困难。从 1952 年（筹建中央体育学院）到 2014 年，60 余年的发展，学校在教学、训练、科研、外事等方面的资料众多，没有受过历史学专业训练的他很难从中理顺线索并进行史料的整理和研究。就在夏天的研究遇到瓶颈，感到一筹莫展的时候，他得知厦门大学将举办中国高等教育学会校史研究分会第 13 届学术年会（2014 年），会议期间有国内各大学的校史研究专家进行学术分享和授课。这真是一次难得的学习机会，我俩决定去厦门向专家请教。通过与专家的交流，我们得知大学校史的研究工作已经从通史阶段进入了专题史的深入研究阶段，就是针对大学发展的某一方面进行专题研究，这种研究范式也比较适合博士论文的写作。

北京体育大学的发展就是新中国体育发展的缩影，涉及中国体育及高等教育的方方面面。究竟从哪个专题入手呢？在回京的路上，我与夏天探讨许久，最终确定将研究主题定在北京体育大学60余年的国际化发展方面。我主管学校外事工作多年，了解过一些史料。在改革开放前，学校一直是中国体育对外展示的重要窗口，学校的国际化之路也是中国体育对外交往的重要组成部分。从引进苏联体育专家到为越南等国家培养体育留学生，再到接待西哈努克国王、金日成主席、胡志明主席、特鲁多总理、基辛格博士等国际政要访问学校，北京体育大学的对外交流工作不乏亮点。这次厦门大学的校史学术之旅我们收获颇多，除了最终确定了论文的主攻方向，我还了解到上海交通大学等名校已经开始了校史口述史料的采集和研究工作。我对夏天说："在论文中务必加入口述史的研究方法，尽快去采访参与过学校体育对外交流工作的老领导、老教师，保存好珍贵的口述史料。"

有了主攻的方向和方法，这仗就好打了。夏天也进入了博士论文研究和写作的状态，档案的查阅和口述史的访谈进展得很顺利，挖掘到了很多新史料，并对学校60余年的体育对外交流及国际化发展之路进行了深入的梳理与研究。论文基本完成后，我们还通过挖掘到的相关史料去中央新闻纪录电影制片厂查找到了一些影像资料，如毛泽东主席观看我校足球队、排球队比赛的珍贵历史影像。从党和国家第一代领导人到今天，几代领导人都对北京体育大学关怀备至，这些珍贵的资料目前已经成为学校乃至体育界进行"四史"学习的重要资料。

这篇博士论文还让我们找到了一个可以奋斗很久的方向——口述历史。用口述历史的方法记录新中国体育的发展历史事件与人物，总结新中国70余年以来的中华体育精神，传递体育的正能量，传承中华体育精神，这是一项伟大的事业，需要全体体育人共同努力！体育是新中国成立、发展的重要记忆，体育口述历史的终极目标是建立中国体育记忆库。在中华口述历史研究会的指导下，2019年在天津体育学院召开了全国首届体育口述历史学术研讨会。2020年，山东体育学院成立了体育口述历史研究会，开始在全国推广体育口述历史理念。未来，体育口述史选题应选择在中国体育事业发展中具有重大的历史意义、现实意义、重要学术价值或显著社会效益的主题。同其他领域的口述史相比，体育口述史独具特色，具有更强的传播性，体育口述史的成果更能产生社会反响，引发社会关注。

在本书交稿前，夏天还对多位人物进行了补充访谈工作，一直在完善相关内容。本书在北京体育大学即将迎来建校 70 周年纪念的时候出版，意义重大。但书籍的出版，不代表校史记录与研究工作的结束。未来，希望越来越多的北京体育大学师生加入到校史研究的工作中，一起去挖掘与记录影像、记忆、档案中的校史。

池建

2021 年 12 月 3 日

北京体育大学颐清园

前　言

作为中华人民共和国成立后国务院确定的首批全国重点院校、国家“211工程”重点建设大学，唯一进入“高等学校学科创新引智计划”的高等体育院校，北京体育大学具有光荣的办学历史、深厚的文化底蕴和扎实的办学基础，其独具特色的办学理念享誉国内外。

北京体育大学在发展综合性、高水平、有特色的世界一流大学进程中，紧紧抓住当前国际交流与合作的大好机遇，用科学发展观指导国际化教育，传播中华民族优秀的传统文化，加强世界体育文化的交流。60多年来，北京体育大学在高等教育国际化探索过程中，取得了一些成果，也积累了一些经验，总结和记录这些成果和经验成为一项亟待完成且意义重大的课题。

本书系统梳理了北京体育大学自建校以来在学术交流、人才培养、文化交流、友好往来等方面所做的工作，回顾了北京体育大学在体育教育国际化进程中经历的风风雨雨。曾经的挫折和痛苦、成功和喜悦都会在体育教育国际化蓝图上留下浓墨重彩的一笔。如今我们站在新的起点，回顾历史，展望未来，将以更高的热情、更有效的行动把北京体育大学建成世界一流的大学，在教育国际化视野下为我国体育的发展贡献一份力量。

夏　天

2021年3月

目 录 Contents

1 新中国成立至 20 世纪 50 年代中期的国际化 …………………… (1)

1.1 中央体育学院成立的时代背景 …………………… (1)

1.2 中央体育学院与苏联体育专家援华 …………………… (4)

1.3 中央体育学院与大型体育对外交往活动 …………………… (8)

1.4 这一时期的口述历史回忆 …………………… (13)

1.5 小 结 …………………… (20)

2 20 世纪 50 年代中后期至 60 年代末的国际化 …………………… (22)

2.1 北京体育学院与中国体育成就展示 …………………… (22)

2.2 北京体育学院与体育援外 …………………… (26)

2.3 北京体育学院与留学生培养 …………………… (30)

2.4 这一时期的口述历史回忆 …………………… (32)

2.5 小 结 …………………… (36)

3 20 世纪 70 年代的国际化 …………………… (38)

3.1 重新对外开放的北京体育学院 …………………… (38)

3.2 北京体育学院与中国体育走向世界 …………………… (41)

3.3 北京体育学院与乒乓援外工作 …………………… (46)

3.4 这一时期的口述历史回忆 …………………… (50)

3.5 小 结 …………………… (51)

4　20世纪80年代初至21世纪初的国际化 …………………………（53）
4.1　北京体育大学与国际体育交往 ……………………………………（53）
4.2　北京体育学院与体育外交家钟师统 ………………………………（54）
4.3　北京体育大学与国际体育组织驻华机构 RDC·北京 ……………（57）
4.4　北京体育大学与民族传统体育的国际传播与推广 ………………（59）
4.5　北京体育大学与体育运动项目的引进和发展 ……………………（63）
4.6　关于北京体育大学引进体育运动项目的口述历史回忆 …………（65）
4.7　小　结 ……………………………………………………………（72）
5　21世纪初至今的国际化 …………………………………………（74）
5.1　北京体育大学与北京奥运会 ………………………………………（74）
5.2　北京体育大学与国际体育学术交往和国际人才引进 ……………（80）
5.3　北京体育大学与国际人才培养 ……………………………………（86）
5.4　北京体育大学与中国体育文化的传播和推广 ……………………（96）
5.5　北京体育大学国际化未来展望 ……………………………………（107）
5.6　小　结 ……………………………………………………………（108）
参考文献 ……………………………………………………………（110）
附　录 ………………………………………………………………（116）
附录1　北京体育大学国际化发展历程大事记 ………………………（116）
附录2　与北京体育大学友好交流的海外高等学校 …………………（123）

1 新中国成立至20世纪50年代中期的国际化

1.1 中央体育学院成立的时代背景

1949年，中华全国体育总会筹备委员会成立，全国各地体育运动初步发展，各行各业急需大量的体育专业干部、体育教师、教练员、体育科研人员和体育管理人员等，体育人才的供求矛盾突出。教育部根据团中央第一书记冯文彬同志的提议，同意成立中央体育学院，于是制定了《开办中央体育学院计划草案》（以下简称《计划草案》）。《计划草案》指出："体育干部和体育师资的缺乏是目前开展体育运动工作中最大的困难之一。根据中央教育部高教司的统计，全国16个体育专业训练机构在校学生总数927人，到1955年，毕业生总数最多不超过817人，这显然不能满足开展体育运动的需要。同时，这些专业训练机构，无统一的、有计划的教学方针、内容及方法，所培养的仅限于中等学校的师资。各级体育分会及工会、部队、机关的体育专业干部还没有一个专门机构来负责培养。为此，立即成立一个综合性的、新型的中央体育学院，以培养多方面的体育干部，并指导专业训练机构的教学工作实属必要。"《计划草案》明确指出了中央体育学院在新中国体育技术资本积累中所要承担的任务，可以说中央体育学院从成立伊始就承担着促进新中国体育事业全面发展的历史使命。

原定于1952年即成立中央体育学院，但由于时间紧迫，特别是师资力量不足，所以当年7月决定成立"中央体育学院筹备处"（以下简称"筹备处"），并由中华全国体育总会和教育部协同管理。筹备处主任由著名的体育教育家徐英超先生担任。1950年8月28日—11月28日，中国体育代表团第一次应邀出访苏联，徐英超先生任团长（图1），由中华全国体育总会筹备委员会、中国人民解放军、各行政区代表等组成的代表团对苏联体育运动的组织领导、干部培训及学校体育等进行了较为系统的考察和学习，参观了全苏田径运动大会、莫斯科斯大林体育大学、中央体育研究院，考察了列宁格勒和基辅等地的工厂、学校及公共体育机构的体育活动。新中国的体育对外交往由此开始。赴苏联访问两个月，代表团整理了所有的考察资料，回国后由荣高棠同志总结并撰写了对于开创我国体育事业新局面具有重要意义的报告——《赴苏体育访问团对于今后开展体育工作计划的意见》。

图1　1950年中国体育代表团第一次出访苏联，徐英超（中右）任团长

1952年7月，中国体育代表团参加了在芬兰赫尔辛基举行的第十五届奥林匹克运动会，这是中国体育外交史上的大事件，加快了中央体育学院成立的步伐。在该届奥运会上，首次参赛的苏联代表团获金牌22枚，奖牌71枚，金牌数和奖牌数均居第二位。这给第一次参加奥运会的中国体育代表团很大的触动。回国前，中国体育代表团参观了苏联的体育设施，并全面考察了苏联体育运动发展概况，

特别是体育管理方面的情况①。回国后，1952年8月21日，中华全国体育总会副主席兼秘书长荣高棠向党中央提交了《关于参加第十五届奥运会的情况报告》。这份报告提出了我国今后体育工作的五条建议。（1）应加强我国体育运动的领导工作，必须首先加强这一工作的领导机构。我们建议在政务院下设一个全国体育运动事务委员会，最好请一位像贺龙同志那样的将军任主席。（2）为了培训大批体育干部及各项目的优秀运动员，中央体育学院应扩大招生规模，名额增至3000人。在有条件的大学增设体育系科。（3）邀请5名苏联体育专家来中国协助工作。（4）明年在北京召开全国综合运动会，以后每年开一次全国单项运动会，并在此基础上选拔人才进行集中训练，准备参加亚洲运动会及第十六届奥林匹克运动会。（5）在各地酌量增设体育场及体育设备，在北京修建大型运动场②。新中国成立初期，荣高棠在对奥运会和苏联体育事业进行考察后，敏锐地捕捉到了我国体育发展的关键点，并及时向党中央做了汇报。报告由刘少奇副主席批示并呈报毛泽东主席审阅后交由邓小平副总理办理。几天后，邓小平同志向荣高棠作了指示，其中着重指出，全国体育运动委员会和体育院校要尽快建立。体育院校只要有师资、有学生就可以办起来。体育学院今年（1952年）已无法修建，可先找临时地点把学生集中起来进行训练③。在邓小平同志果断明确的部署下，建立中央人民政府体育运动委员会的各项筹备工作迅速落实。1952年11月15日，中央人民政府委员会第十九次会议决定成立“中央人民政府体育运动委员会”，任命贺龙为委员会主任，蔡廷锴为副主任。这是中国历史上第一个部级国家体育行政机关。

1952年中央人民政府体育运动委员会成立后，成立中央体育学院的工作便转为主要由中央人民政府体育运动委员会承担。当时兼任中央人民政府体育运动委员会主任的副总理贺龙同志把建立中央体育学院、培养体育人才当成一件大事来抓。他多次强调办好中央体育学院是发展体育事业不可缺少的重要一环，并亲自过问中央体育学院的建设情况。中央人民政府体育运动委员会和教育部领导的支持，贺龙同志的关心，大大加快了中央体育学院创建的步伐。

---

① 郭贤成，孙葆丽．新体育对外交往的起点：纪念新中国首次参加奥运会50周年［J］．体育文化导刊，2002（3）：24－25.

② 李玲修，周铭共．体育之子荣高棠［M］．北京：新华出版社，2002：52.

③ 李玲修，周铭共．体育之子荣高棠［M］．北京：新华出版社，2002：54.

1.2 中央体育学院与苏联体育专家援华

新中国在发展国民经济的第一个五年计划期间，为了适应社会主义改造和建设的需要，我国通过向苏联学习高等教育办学经验，建立了社会主义高等教育体系。我国的高等体育教育在初创时期也同样学习和借鉴了苏联高等体育教育模式。新中国成立初期，全国各行各业都掀起了向苏联学习的热潮，这一局面与当时我国所面临的国际政治形势息息相关。我国在国际上迅速得到了苏联等东欧社会主义国家的承认和支持，但遭到了以美国为首的西方资本主义国家的全面封锁。1950年2月，中国政府和苏联政府签订了《中苏友好同盟互助条约》。毛泽东同志回国前在莫斯科火车站发表讲话说，“我们在苏联的参观证实了中国共产党人历来的信念，即苏联经济文化及其他各项事业的建设经验，将成为中华人民共和国学习的榜样”。正是在这样的政治形势下，学习苏联成了我国的一个必然选择。

苏联体育专家（以下简称“苏联专家”）对中央体育学院的建设提供了全面的支援和帮助。中央体育学院从1953年12月开始，先后聘请了10位苏联专家来校任教。苏联专家对学校各方面的工作进行指导。作为最早聘请苏联专家的体育院校，学校对苏联专家在校的管理工作并没有可资借鉴的经验。在如何使苏联专家与中方更好地配合工作，如何调动苏联专家的工作积极性，解决他们在生活上的后顾之忧方面，中央体育学院不断摸索，逐渐形成了一套成熟的针对苏联专家工作的管理办法——《苏联专家工作管理办法》。

《苏联专家工作管理办法》包括组织领导、发挥苏联专家作用、苏联专家接待工作、苏联专家工作与教研组的结合、翻译工作、培养研究生工作六个方面。《苏联专家工作管理办法》覆盖了苏联专家在校工作的各个方面，旨在充分发挥苏联专家的作用，迅速、全面地提高学校的教学和科研水平。

1.2.1 在组织领导方面

一位副院长负责苏联专家管理、研究生培养工作。学校设研究生部，由副院长兼任研究生部主任；下设办公室，协助副院长管理苏联专家及研究生的日常事务。

1.2.2 在发挥苏联专家作用方面

第一，学校协助、组织苏联专家在主要工作上发挥作用。苏联专家的主要工作是培养基本能独立开课，能独立或在别人指导下进行科研工作的人才。少数跟随苏联专家学习的老教师或重点研究生，能全面系统地习得苏联专家的特长，以期苏联专家回国后能独立培训进修教师或培养研究生，能独立进行科研工作。

第二，充分发挥苏联专家的专业特长。有的苏联专家擅长竞赛工作，有的苏联专家擅长指导教育教学实习工作，有的苏联专家擅长系统的组织领导工作。请苏联专家指导这些工作，并让专人或单位（各部门）向苏联专家请教或跟随苏联专家一起工作，以习得苏联专家的特长（图2）。苏联专家的社会工作，如赴外地讲学、举办培训班等应适当组织，使其既发挥作用，又不影响其健康及主要工作。

图2　学校选派一批优秀教师跟随苏联专家学习

1.2.3 在苏联专家的接待工作方面

苏联专家的接待工作大部分由国家外国专家局（以下简称“国家外专局”）招待所负责。学校主要负责为苏联专家配备勤务人员（由党员担任）、专家助教。苏联专家的警卫工作由学校保卫部门负责，重点关注专家工作室的安全。在节日期间，学校组织苏联专家进行游玩、参观、看演出等活动（图3）。苏联专家出差均安排接送，苏联专家生病住院期间安排专人探望。

图3　赵斌副院长（右一）陪同苏联专家游览颐和园

1.2.4　在苏联专家工作与教研组的结合方面

苏联专家与教研组的关系是非常密切的。苏联专家担任教研组主任顾问。学校举凡制订计划、教师培养、运动竞赛与训练、科学研究和日常教学过程中所遇到的问题，以及建立资料室、实验室等工作，都须请教苏联专家。教研组主任跟随苏联专家学习，主要是在培养研究生工作上跟随苏联专家学习；而在教研组工作上，苏联专家便是他的顾问。教研组主任在跟随苏联专家学习期间并不脱离教研组的领导工作，这样就使教学工作、教研组工作与苏联专家及培养研究生工作不致脱节。（图4）

1.2.5　在翻译工作方面

翻译人员是苏联专家的喉舌，是学校向苏联专家学习的桥梁。学校要选用高水平的翻译人员，并提高其政治责任感与业务素质。在建校初期，大多数翻译人员并没有体育专业背景，所以当时学校非常重视提高翻译人员的体育业务素养。（图5）

图4 张问礼(前排右二)等与苏联专家柏琴科教授(后排左四)合影

图5 研究进修部翻译室的同志们在编译苏联的体育资料

1.2.6 在培养研究生工作方面

以苏联专家组织学习为主，教研组及中方专家做协助工作，充分发挥苏联专家在研究生培养方面的作用。通过《苏联专家工作管理办法》，中央体育学院充分发挥了苏联专家的专业优势。苏联专家的辛勤工作和学院的积极协作，不仅为我国高等体育教育的发展奠定了基础，培养了运动生理学等专业的硕士研究生

(图6),而且增进了苏联专家与学校师生之间的友谊，促进了中苏两国的体育交往。学校还将此办法向兄弟院校做了推广，在函复上海体育学院所询苏联专家培养研究生工作经验中，学校从组织领导、发挥苏联专家作用、苏联专家接待工作、苏联专家工作与教研组的结合、翻译工作、培养研究生工作六个方面全面而详细地向上海体育学院传授了苏联专家管理工作的经验。

图6　1957 年运动生理系全体学生与苏联专家柏琴科教授(一排左四)合影

1.3　中央体育学院与大型体育对外交往活动

1955 年 5 月，刚成立一年多的中央体育学院就开始独立承担国际交往任务。当年，捷克斯洛伐克邀请中国代表团参加该国第一届全国运动会（以下简称“全运会”）的开幕式表演及游行活动。捷克斯洛伐克在筹备第一届全运会时，不仅将其看作是对国家体育事业的检阅，而且将其看作是展示捷克斯洛伐克社会主义建设成就的舞台。捷克斯洛伐克广泛邀请世界各国的代表团在运动会期间访问该国，其中包括社会主义友好国家，也包括一些资本主义国家的友好代表团。作为社会主义大家庭的一员，中国也在受邀国之列。中华人民共和国体育运动委员会

（1954 年由中央人民政府体育运动委员会改称，以下简称“国家体委”）认为这是一次与社会主义兄弟国家沟通交流，展示新中国形象和体育风貌的绝佳机会，决定派出一支大型团体操表演队前往布拉格参会。

当时中国还没有专门的团体操团队，团体操表演的经验也很缺乏。时任国家体委主任的贺龙把组队出访的艰巨任务交给了中央体育学院。当时，除中央体育学院外，没有任何一个体育部门能在短时间内完成这一任务。中央体育学院在建校一年多后就出色地完成了赴国外进行大型体育外交活动的任务，从此奠定了中央体育学院在中国体育外交工作中的地位。

贺龙同志对中国体育代表团的组建和训练高度重视，亲自来到学校视察训练情况。1955 年 5 月中旬，赴捷克斯洛伐克进行团体操表演的中国体操队（即中国体育代表团）正式成立。

教师毛学信接到担任总教练的任务后，马上投入团体操的创编工作中。尽管当时我国团体操表演的经验还很少，但中央体育学院的师生们还是决心奉献一场精彩的演出。在那个年代，五星红旗在国外升起的机会很少，总教练毛学信一直想把团体操表演的最后展示定格为中国国旗——五星红旗。最终，毛学信设计了一套“棍棒操”，整个表演由学生们手持棍棒进行队列和队形变换，在表演的最后阶段，学生们组成一个长方形，并从空心铁棍中取出事先放进去的平面铁架伞，由许多伞面组成一面巨大的五星红旗。演出道具空心铁棍和平面铁架伞也是由学校师生一起设计，委托工厂制造的。这项演出的知识产权完全属于中央体育学院。（图 7）

图 7 团体操排练现场

1955 年 6 月 8 日，由 159 人（干部教师 10 人，学生 114 人，民族表演组 35 人）组成的中国体育代表团正式出访捷克斯洛伐克（图 8）。中国体育代表团从北京出发，乘坐火车前往捷克斯洛伐克的首都布拉格。经过 14 天的旅程，于 6 月 21 日下午 2 点 55 分抵达布拉格，沿途中国体育代表团观看了苏联组织的各种文化交流活动，感受到了苏联人民对中国体育代表团的友好与热情。6 月 23 日下午，中国体育代表团观看了盛大的全运会开幕式表演。

图 8　赴捷克斯洛伐克访问的中国体育代表团在学校办公楼前合影

7 月 3 日下午，中国体育代表团在布拉格中央体育场正式表演棍棒操。中国体育代表团一入场，全场观众就沸腾起来了，表演始终在万众的欢腾中进行。当表演到最后展现五星红旗时，全场观众起立，欢呼声经久不息！表演结束后，中国体育代表团团长萧克（时任国防部副部长）由钟师统院长陪同，来到看台与大家握手，并对表演者给予了高度的肯定。

在布拉格的 10 多天时间里，中国体育代表团除了在中央体育场的正式表演，还参加了两次大规模的游行庆祝活动（图 9、图 10）及各种晚会、参观游览活动（图 11、图 12），展示了新中国体育人的良好形象，与捷克斯洛伐克等众多社会主义兄弟国家的运动员加深了了解，增进了友谊。此次出访，人数之多，时间之久，创造了新中国体育访问团的纪录，159 人组成的中国体育代表团远远超过了参加 1952 年赫尔辛基奥运会由 40 人组成的中国代表团。

图9 中国体育代表团在布拉格瓦兹拉夫广场的游行队伍中

图10 中国体育代表团在布拉格参加国庆游行

图 11　中国体育代表团在布拉格郊外参观游览

图 12　中国体育代表团在公园小憩

1955年7月22日，中国体育代表团回到北京，贺龙同志做出批示："让我们中国人也能看到这样的表演。"1955年10月，在布拉格赢得众多赞赏的"棍棒操"表演在我国第一届全国工人运动会上正式亮相，毛泽东、刘少奇等党和国家领导人现场观看了表演。1959年，新中国迎来了成立十周年，同年，又召开了新中国第一届全运会。由北京体育学院（前身为中央体育学院，1956年更名）的十几位教师组成的全运会团体操编排小组，依靠在布拉格的表演经验和学习捷克斯洛伐克团体操的素材，成功打造了第一届全运会的"全民同庆"、第二届全运会的"革命赞歌"、第三届全运会的"红旗颂"和第四届全运会的"新的长征"大型团体操表演。

从20世纪50年代开始，团体操表演成了北京体育学院的优势品牌项目，学校团体操教练先后赴东南亚、非洲等国家进行体育援外工作，当这些国家有大型活动时帮助其进行团体操表演的排练与组织。北京体育学院团体操教练的援外工作得到了受援国国家领导人的高度赞扬，在一定程度上提升了学校在我国体育对外交往工作中的地位。

1.4 这一时期的口述历史回忆

1.4.1 王世安回忆

1953年，国家从体育院校的一二年级，医学院和中学生中选拔了一批优秀的学生，让其参加北京俄语专科学校留苏预备部组织的考试，考试合格者被录取为留苏预备生。之后经过一年的培训和思想政治考察，最终从体育专业的19位预备生中确定了16人去往苏联。

1954年，国家向苏联派遣了第一批学习体育专业的留学生。到苏联后，苏联高教部和我国外交部研究决定，将我们分配到两所学校。其中，8名学生被分配到了位于莫斯科的苏联国立中央体育学院，包括我在内的另外8名学生被分配到了列宁格勒列斯加福特体育学院。

我们到达列宁格勒后，列宁格勒留苏学生会的一名工作人员把我们从火车站接到了学校。在学校很快办完入学手续后，我们就开始了在苏联的留学生活。可能由于当时大使馆对苏联体育学科专业设置不清楚，所以我们8名中国留学生都被分到体育系学习体操专业。

一次偶然的机会，我和苏联的老师、同学在学校打篮球。打完之后有位老师找我，说下个月会举行全院的篮球比赛，问我是否愿意参加，我说“当然愿意”。但他告诉我，想要参加比赛必须转到运动系的篮球专业。而转系这件事我自己做不了主，必须得经过组织批准。我向学生会提出转系申请并向大使馆做了汇报，大使馆很快批准了。于是我转到了运动系的篮球专业进行学习。后来我参加了全院的篮球比赛，并获得了冠军，还成了学校篮球队的队员。

从那以后，其他同学也希望像我一样选择自己喜欢的专业。后来大家就向大使馆提议，请求根据每个人的专长和爱好来选择专业，大使馆便同意了大家的提议。最后，我们8人中有5人分别选了篮球、排球、田径、游泳、击剑专业，3人选了体操专业。2人分在运动系，6人分在体育系。这时我们才把苏联体育学科专业设置、课程学习、日常训练的安排弄明白。

在苏联学习的过程中，学校对留学生的教学管理是很严格的。我记得有一次院长召开留学生座谈会，挨个点名，亲自检查留学生的学习与训练情况。院长亲自了解每个学生的优点和缺点，都受过哪些表扬和批评。最后还询问大家在学习上有什么困难，需要哪些帮助。这种座谈会几乎一学年召开一次。系主任每学期会找我们谈两次话，询问我们的学习情况，需要哪些帮助。所以，学校对待留学生工作是非常认真细致的。（图13）

图13　王世安（一排右二）等第一批赴苏联的体育留学生与列宁格勒斯加福特体育学院院长合影

在苏联学习的第一年是非常辛苦的。我们在北京俄语专科学校留苏预备部培训的时候，要求掌握3000～5000个单词。但这些单词基本都是普通用语，专业词汇和术语很少，没有解剖学、心理学方面的专业词汇。我们去的时候带了两本字典，一本是普通字典，一本是医学字典。说实话，第一年上课我们连30%的内容都没听懂，解剖学几乎完全听不懂。为了能跟上进度，我们的学习时间几乎是苏联学生的两倍多。课前查字典预习，课后还得查字典复习，另外我们还得借苏联学生的笔记来学习，可想而知，我们当时花了多大的工夫。当时苏联的师生对我们中国留学生刻苦学习的态度非常赞赏，他们非常钦佩中国留学生刻苦钻研的精神。一年后，我们基本都能听懂课堂上老师讲的内容。这就是我们在苏联学习理论课的情况。

说到训练课，学校要求学生除了完成教学计划的课程，还必须参加俱乐部的训练，选择一项运动进行学习并参加比赛，并且须获得规定的运动员等级和裁判员等级才能毕业。那时，我们除了理论课的学习强度很大，术科学习的强度也很大。中国的留学生跟苏联的学生相比，在语言、体能和技术上都有差距，所以中国留学生千方百计地在追赶苏联的学生。

留苏期间，我们每个月开一次组织生活会，每个人总结汇报一下自己的学习训练情况、思想政治表现，然后大家进行批评与自我批评。从保证留学生顺利完成学习任务这一点来说，组织生活会发挥了很重要的作用。当时每次会后我们都要非常认真地写书面总结。

刚才我说了，我们队得了全院篮球比赛冠军，我成了校篮球队队员，并参加了全市甲级队的比赛。校篮球队队员不仅有本科生、研究生，还有老师。我们队里有一位教练是研究生，他当时是苏联国家篮球队的助理教练，非常有名；另一位教练是列宁格勒市篮球队的教练。当时在列宁格勒甲级队，我们的名次能够排到三四名。第一名的队曾获得过全苏联比赛的冠军，国家队的主力都在这支队伍里面，所以比赛的水平还是很高的。我每年都代表学校参加两次全市的比赛、两次全院的比赛，一年要参加四次比赛。

在苏联学习期间，我得到了校方的很多帮助。1956年苏联全运会在莫斯科举行，我们前往莫斯科参加了这届全运会。这是个非常难得的学习机会，通过观摩篮球比赛，我了解了苏联各个加盟共和国的篮球队的技术水平。1957年，我参加了世界青年联欢节，联欢节有苏联和东欧等国之间的篮球比赛。这里有个小插曲，在联欢节大会上看篮球比赛需要季票，且季票可以观看所有的比赛。当时教务处主任就跟我说，院长那里有两张季票，让我去找他要，然后我俩一人一张。我同意了，就去找院长要。院长问我怎么知道的，我说是教务处主任告诉我的，他就把票给我们了。那是贵宾席的季票，我把所有队的比赛都看了。

1958 年，美国篮球队访问苏联，我问学校能不能请 3 天假，去看他们的训练和比赛。当时我们队没人看过美国篮球队的训练和比赛，所以学校准了我 3 天假，我就去看了，这对我学习篮球技术帮助很大。

在苏联学习期间，我们留学生的成绩都很优秀。我曾获得过一次全校优等生，毕业证书上都写了；另外，我的照片还在学校优等生光荣榜上展览了一年。

1.4.2 张恩子回忆

我高考前的最大愿望是学医，为了学医做好了一切准备。但是小时候我也非常喜欢踢足球，在苏州读中学时就代表苏州市打比赛了，当时我是代表队的队长。后来我去了江苏南京，到了南京之后就开始代表江苏省打比赛，在省队我是副队长。在 1953 年参加华东区比赛的时候，江苏队获得了第二名，上海队获得了第一名。在这之后，华东体训班想把我调过去，他们想要通过江苏省教育厅给我们球队发函。我知道这个消息后，认真思考了很多，最后告诉他们说，我学医是为了治病救人，学体育是为了让人们的身体更健康，这两个方向并不矛盾，而且能结合得很好，此外我听说中央体育学院正好要招生，所以我要报考中央体育学院。华东体训班听说我要报考中央体育学院，也就没办法调我的档案了，正好这时我也通过了考试，于是就考入了中央体育学院。我清楚地记得，当时大概是 10 月份才开学，我 8 月份就来到了北京。开学前我在心里想，这么早来，一定不能落后，一定要争取第一个注册。开学报到那天，早上 8 点开始注册，我很早就去排队了，并顺利地成了第一个注册的学生。学校最早的校址在先农坛，我们住在操场东看台下的宿舍里。遇到雨天，外边下大雨，我们宿舍里就下小雨，睡觉的时候我们还得在床上拿着伞挡雨。那段时间虽然我们的生活非常艰苦，但是心里是很快乐的。

不管干什么事，我都争取做到最好。上大学的时候我就想毕业之后一定要留校，但只有各方面表现都优秀的学生才能留校。快毕业的时候，当时的人事处田处长告诉我，让我准备报考苏联专家苏施柯夫的研究生。这之后我便考上了研究生。

考上研究生之后，我开始跟随苏联专家苏施柯夫学习，那时我感到所有的苏联专家知识都很渊博，苏施柯夫曾经是苏联国家足球队队员，又在音乐学院深造过，钢琴弹得也很好。我跟他学习了许多知识，他不仅教我们足球技术，还教我们做人做事的方式。例如，他要求我们上课前把足球鞋都擦干净，不许带一点泥。他告诉我们，要像战士爱护他的枪一样，必须把足球鞋擦干净。受他的影响，我后来工作的时候，也是这样要求我的学生的。甚至在带队（体院三队）训练的时候，我还要求学生们每一次踢完球都要把球擦干净，保护好足球。

苏联专家每堂课都要求点名，并要求值日生向他报告，而且上课特别严格。当时足球场上有带号码的足球墙，在考试的时候我们必须将球踢到他规定的号码墙，否则得0分。他还教我们如何进行教学和训练，如何快速掌握技战术等。苏联专家不单单是指导某一项技术，他还会讲授这项技术易犯的错误，出现了错误动作可能会损伤身体的哪个部位等，这些都是比较实用的知识。他在教学上一丝不苟，对我们要求非常严格，这给我留下了深刻的印象。受他的影响，我在教学过程中也会让学生们尽量提高技术水平。苏联专家告诉我们，足球水平的高低就是看你掌握技术水平的高低，拥有高超的技术就代表着拥有一切，当然体能等方面也很重要。我将他的这句话牢记在心，就是一定要抓技术。总之，跟随苏联专家学习，使我受益匪浅。

课余时间，苏施柯夫经常给我们弹钢琴，还利用假期时间和我们一起到颐和园游玩（图14）。他对我们的生活也非常关心，因此他既是一位严师，又是一位慈父。两年的研究生学习生活，我过得非常愉快。

当进行硕士毕业论文答辩时，国家体委的董守义很重视，并听了我们的报告。苏联专家听完我的报告后给予了很高的评价。研究生毕业之后我就留校了，直到退休后又被学校返聘了10年。

图 14　张恩子(右一)等与苏联专家苏施柯夫(右二)同游颐和园

1.4.3　王顺兰回忆

回忆往昔，这已经是60多年前的事了。1955年，正值捷克斯洛伐克解放10周年。在国庆期间，捷克斯洛伐克要举行第一届全运会，邀请了包括中国在内的许多国家的体育代表团参加开幕式表演。我们准备进行团体操表演，这样既能展现我们国家新中国成立初期的社会风貌，又能展现全国人民及体育工作者的精神面貌。

当时国家体委把这个任务交给了中央体育学院。学校便开始从专科一、二年级，中专学生中选拔体育代表团团员。当时我们是学生，刚参加选拔的时候并不知道要完成什么任务。第一届专科学生正好在天津实习，我们直接从实习单位被调回来了。但老师并没有告诉我们究竟要完成什么任务。

选拔的时候，要求男同学穿背心、短裤，女同学要穿短袖、短裤，身高既不能太高，也不能太矮，身材要匀称等。最后选出一百多人，五一之后我们便开始训练了，首先进行身体姿态、基本动作及队形的变化练习，并没有加器械。直到后来，老师给了我们一个道具，一根1米多长的圆筒棍棒，里面还有一把小红伞。我们就开始练习棍棒操及涉及队形变化的各种动作。队形是一个长方形，大家坐下来之后把圆筒里的小伞一撑，正好是一面鲜艳的五星红旗。大家对棍棒特别爱护，生怕磕着碰着。我们训练得非常刻苦，后来才知道我们要代表祖国去参加捷克斯洛伐克第一届全运会的开幕式。由于要出国，老师要求我们要保密，不准向外传，甚至对父母都不可透露半分。

我们白天训练，晚上小组开会总结当日的训练情况与进度。例如，谁练得认真且练得好，就会得到表扬；谁偷懒了，就会受到批评。

贺龙同志当时非常关心这件事，我们训练的时候他来看过好几次，非常关心我们的生活及训练情况。有一次看完之后，贺龙同志说："这样不行，你们都得到操场上练，在体操房练，你们都太白了，都得晒得黑黑的，练得壮壮的，这才行。"从那之后我们就每天到操场上训练，大家都晒得很黑。

后来，他又来看训练情况，感觉我们练得还不错，动作比较整齐，精神面貌也很好。代表团的领导认为，只有一个团体操还不够，还应加入一些富有民族特色的表演节目，于是就从武汉调来了一批演员，有会杂技表演的，还有会京剧表演的，我们就在一起训练。

代表团是1955年6月8日出发的，经过3天才到了满洲里，因为马上进入边境，需要换证，还要重新登记，这期间大家可以休息一下。老师说，"你们现在可以写信告诉家人，你们有光荣的任务！"我们每个人都感到非常的高兴，就开始写信告诉家人——我代表国家、代表人民，出国表演团体操啦！

进入苏联境内，沿途每到一站，欢迎我们的人群都十分热情，有一些老妇人抱着我们左亲右亲的，非常高兴。6月18日我们到了莫斯科，之后去参观了红场，当时我们都非常高兴。我们见到的苏联人民都非常的热情，虽然语言不通，但是能够感受到他们的热情。

从莫斯科出发，又过了好几天才到了捷克斯洛伐克的边界，又要重新换证才能入境布拉格。到了布拉格我们才知道，捷克斯洛伐克对这次活动特别重视，各方面的工作组织得都非常严密。我们在布拉格待了两个星期，主要是先观看捷克斯洛伐克和其他国家的表演，日程安排得非常满。我记得非常清楚，我们是在7月3日进行正式表演的，因为7月1日是中国共产党的生日，东道主为我们举行了一个小型的庆祝会，庆祝党的生日。

7月3日下午我们的表演正式开始。入场前，我们队员之间相互打气，心想这次一定要好好表演，不能辜负了贺龙同志的期望。这是代表祖国、代表人民，一定不能演砸了！我们一入场，全场观众就都沸腾起来了，掌声、欢呼声此起彼伏，真是振奋人心呢！在大家的欢呼声中，我们的表演开始了。表演的效果非常好，动作、队形的变化都比较整齐，而且展现了中国人民的精神风貌。最后亮相的队形是长方形，我们都把小红伞拿出来，撑开就是一面鲜艳的五星红旗。这时，全场观众都起立鼓掌、欢呼，我们非常激动。代表团富有民族特色的表演也非常精彩。我们的表演结束了，圆满完成了党和人民交给我们的任务，领队也表扬了我们。后来我们也曾应邀在一些小的场合表演过棍棒操。7 月 8 日，我们准备回国了。7 月 22 日我们回到了学校。

1.5 小 结

在新中国成立初期，由于西方国家的封锁，中国与其他国家交往的范围较小，同时也缺乏交流的手段和渠道。体育作为一种世界性文化活动，具有超越意识形态和文化差异的中性色彩，可以越过国际政治的障碍，为国家间相互理解、相互沟通创造条件。在这一时期体育成了展示新中国形象、增进对外交往的先行者。

在新中国发展的初期，体育对外交往事业处于起步阶段。中央体育学院从筹备到成立都与体育对外交往工作有着密切的联系，学校更是在建校初期就承担起了体育对外交往的重任。

在这一时期，中央体育学院齐聚了当时中国高水平的体育专家、学者及一批有潜力的青年运动员，具备了开展体育对外交往的人才基础。因此，作为体育专业院校，中央体育学院起到了在体育中促进与社会主义友好国家交往和展示新中国独立自主社会主义大国形象的重要作用。

中央体育学院组织大型团体操表演队参加 1955 年捷克斯洛伐克第一届全运会的开幕式表演，展示了新中国的体育风貌和全新形象，增进了中国与东欧社会主义国家的了解与友谊。此次出访人数之多、距离之远、时间之长、效果之好，创造了新中国成立初期中国体育访问团的纪录。中央体育学院在建校一年多后就出色完成了赴国外进行大型体育对外交往活动的任务，奠定了学校在中国体育对外交往工作中的重要地位，中央体育学院开始成为我国体育对外交往的人才资源摇篮。

这一时期的学校国际化发展还通过“请进来”的方式促进中国体育事业的飞速发展。中央体育学院率先聘请苏联专家来校工作，并创建了《苏联专家工作管理办法》，充分发挥苏联专家的专业优势。苏联专家的辛勤工作和学校的积极协作，不仅为新中国培养了宝贵的体育人才、促进了新中国体育事业的快速发展，而且增进了苏联专家与学校师生的友谊、促进了中苏之间的友好关系。中央体育学院在国际化“请进来”的工作中，总结了针对苏联专家提出的管理办法，进一步提高了学校的办学水平，为学校今后开展体育工作奠定了坚实的基础。

2 20世纪50年代中后期至60年代末的国际化

2.1 北京体育学院与中国体育成就展示

20世纪50年代中期，伴随着北京体育学院的全面建设，学校的软硬件实力都得到了较大幅度的提升。进入50年代后期，优美的校园环境、先进的训练设施、较高的运动和教学水平，以及体育具有的超越不同文化及意识形态的特点，使得学校成了北京市对外开放参观的重点单位之一，开始承担起向世界展示中国体育成就的任务。从那时起，学校就承担起了接待外宾的光荣任务。来学校参观的外宾不但有国家元首、政党和政府领导人，还有外国体育专家、群众团体工作者和新闻工作者等。学校的发展规模和短期内取得的巨大成绩，代表了那个时期快速发展的中国体育。学校良好的软硬件条件给参观者留下了美好而深刻的印象，扩大了中国体育的国际影响力。

这段时期主要有以下国家级外宾来学校参观。1960年12月17日，柬埔寨国家元首西哈努克国王在陈毅副总理的陪同下来校访问。1961年10月4日，尼泊尔国王马亨德拉及王后一行13人，在人大常委会副委员长郭沫若、国家体委副主任荣高棠的陪同下参观学校，数百名师生夹道迎送。1962年6月23日，老挝王国外交部长一行来校参观；7月7日，越南民主共和国主席胡志明来校参观（图15）；9月24日，印度尼西亚共和国总统夫人哈蒂妮·苏加诺一行，由刘少奇夫人王光美陪同来校参观，并观看了体操、武术表演；10月30日，老挝副首相苏发努冯亲王一行，由礼宾司副司长马振武陪同来校参观，并观看了体操、武术表演；12月20日，美国国会议员杜尔贝克一行4人参观学校；12月27日，蒙古人民共和国主席泽登巴尔一行在周恩来总理的陪同下参观了学校。1963年6月15日，周恩来总理陪同朝鲜人民民主主义共和国最高人民会议常任委员会委员长崔庸健一行30余人再次参观了学校；11月23日，陈毅副总理陪同阿富汗王国代表团6人参观学校；12月3日，莫桑比克民族解放阵线主席苏德热纳来校参观。1964年11月2日，阿富汗国王穆罕默德·查希尔·沙阿一行30人在贺龙副总理的陪同下来校参观。1965年2月20日，坦桑尼亚总统尼雷尔一行30余人在贺龙副总理的陪同下来校参观。1969年10月7日和22日，学校先后接待了越南南方民族解放阵线中央委员会主席阮友寿和越南民主共和国总理范文同[①]。

图15　越南民主共和国主席胡志明(右一)来校访问,与钟师统院长亲切交谈

这一时期，除了接待国家级外宾的参观、访问，大量的外国运动队、政党和群众团体也来到北京体育学院参观、访问、学习。1957年5月16日—6月5日，民主德国莱比锡体育学院考察团访问学校。1958年4月15日，缅甸体育代表团来校座谈。1959年10月30日，匈牙利奥林匹克击剑队来校访问。1960年7月17日，柬埔寨男子篮球队来校学习训练。1962年10月7日，阿尔巴尼亚男子排球队一行参观学校；10月22日，朝鲜乒乓球队15人参观学校；10月25日，莫斯科女子篮球队和列宁格勒男子篮球队30人参观学校。1963年，朝鲜游泳队25人参观学校；4月29—30日，新西兰工会代表团、卢森堡体育总监哈姆斯先后来校参观；5月17日，苏联国家女子篮球队领队达密英娃参观学校；5月20日，日本共产党中央候补委员前田穗饶来校参观，并观看了学生的教学表演；8月21日，日本女

① 《北京体育大学校史》编委会. 北京体育大学校史：1953—2003［M］. 北京：北京体育大学出版社，2003：59－60.

子排球队来校参观；9 月 19 日，印尼体育代表团 5 人参观学校，并做了印尼体育运动发展情况的报告；10 月 5 日，古巴体育代表团来校做有关古巴体育运动发展情况的报告。

1965 年是北京体育学院接待外宾参观次数最多的一年，共接待外宾 125 次（其中华侨、港澳同胞 5 次），包括 55 个国家（其中亚洲 19 个、欧洲 13 个、非洲 14 个、拉丁美洲 7 个、大洋洲 2 个），总计 1194 人。从参观代表团性质来看，体育代表团最多，为 45 次；其次是文化、教育代表团 24 次，记者 18 次。随着我国国际地位的日益提高和体育事业所取得的巨大成就，来校参观的国家和人数在逐年增加，1965 年除去节假日（包括暑期）外，平均一天半就接待一次外宾。同年北京体育学院还承办了多次国际性的体育比赛和联欢活动：5 月 16 日，在北京的全体越南留学生在学校举行庆祝胡志明主席七十五寿辰运动会；7 月 25 日，在京外国留学生体育友谊比赛在学校举行；11 月 20 日，中日青年大联欢活动在学校举行。这些活动的开展增进了各国间的相互了解与友谊，展示了北京体育学院和中国体育界的风貌，提升了这一时期我国维护世界和平的国家形象。

作为北京市对外开放的窗口和向世界展示新中国体育成就的重点单位之一，北京体育学院深知外事接待工作的重要性。学校针对不同级别的外宾制定了严格的接待流程，对接待者、参观路线、参观内容、群众欢迎队伍、校园和表演场地布置、表演节目、组织及领导七个方面的工作进行了严格的规范。学校还总结了接待外宾的参考资料，包括学校的概况、主动宣传材料，以及外宾经常会问到的问题。其中，有关“苏联专家”的问题回答如下：“1958 年以前，我院有 10 位苏联专家来校讲学。他们对我院的教学和科研工作都有很大的帮助，我们深为感谢，永远不能忘怀。现代修正主义污蔑我们过去不给苏联专家以便利的工作条件，骂我们‘忘恩负义’是毫无道理的。苏联专家在我院工作时，每人每月工资为 280 ~ 320 元，一切住宿、交通、文娱、旅行费用皆由学校负担。我院为苏联专家支出的费用，平均每人每年达 1 万元，我们尽一切力量给他们以工作方便，并充分发挥了他们的作用。我们相信中苏两国人民的友谊是任何力量也破坏不了的。”由此可见，学校对有关“苏联专家”问题的回答是客观的、公正的、实事求是的。参考资料中还有关于我国体育外交政策问题（你们为什么不参加奥运会?）的回答：“美帝国主义操纵奥运会制造‘两个中国’的政治阴谋，这是我们坚决反对的。台湾是中华人民共和国神圣领土不可分割的一部分。中国人民是绝不会拿原则和主权来做交易的。我们绝不会因参加奥运会而葬送自己的主权。中国人民一贯主张在平等友好的基础上发展各国人民之间的体育合作，以促进友谊和增进了解，交流技术经验，并且愿意同一切尊重我国主权、不追随美国制造‘两个中国’阴谋的国际组织进行合作。”北京体育学院在 1965 年颁布的外宾接待人员注意事项中写到，“参与接待工作的同志，必须努力并正确地执行我国对外方针政策，认真掌握不同时期的具体措施；接待人员要有坚定的政治立场，贯彻国际主义与爱国主义相结合的精神，认真做好团结友好工作；要以实事求是的精神，宣传我党对外的各项方针政策和伟大成就”。北京体育学院在外宾接待工作中一直强调实事求是，在 1965 年接待外宾参观工作总结中提出，“大胆放手让外宾接触群众，相信群众。过去我们有顾虑，不敢让外宾接触群众，也不敢主动让他们去参观宿舍、食堂，只按我们规定的路线，参观运动场馆和教学设备。由于我们思想没有进步，跟不上时代的发展，不相信群众，怕学生见了外宾回答不好问题，怕外宾‘挑刺’，怕外宾看见我们的落后面，事实教育了我们，我们的顾虑是多余的，广大群众经过党的多年教育，社会主义觉悟大大提高，是可以信赖的”。从北京体育学院制定的外宾接待规范、参考资料及注意事项、工作总结中我们可以看出，学校在外事接待工作中的原则就是捍卫国家利益，展示国家形象，增进各国人士对中国的了解和友谊。

通过北京体育学院在外宾接待方面的全面工作，来校参观访问的不同国家、不同政治倾向的外宾都对新中国体育事业所取得的成就及北京体育学院的建设赞赏有加。阿富汗国王穆罕默德·查希尔·沙阿看过学校学生表演的体操、武术之后说，“运动员做出了我们意料之外的动作。学院发展得很快”。玻利维亚巴达克运动总书记基维尔特说，“从这里看到了解放十五年来体育事业的发展，体现了中国共产党和政府对体育事业的关怀和重视。回国后要好好革命，向中国学习。毛主席不仅是中国人民的领袖，也是世界被压迫民族的领袖”。在我国外文出版社工作的阿根廷专家胡里奥说，“体院的学生，个个红光满面，体质很好，从他们身上就可以看出中国青年的未来及其光明前途”。日本外宾线海一男参观后说，“看到以毛泽东为首的中国人民，用不到十二年能建成这样的学院，使我很惊讶。像这样规模的体院，应该只有社会主义国家才有，资本主义国家很少见的。你们十一年来培养了很多人才，对反帝斗争、对各个运动起了应有的作用”。马尔加什进步人士说，“体育学院十一年来的发展是中国大步前进的标志之一。中国是马尔加什的榜样，中国的道路是笔直的……”。

从外宾的评价可以看出，北京体育学院在这一时期的国际化工作不仅起到了展示中国体育成就的作用，还在一定程度上塑造了当时我国不畏强权、反帝反霸、维护世界和平的国家形象。1966—1969 年，由于受到“文化大革命”（以下简称“文革”）的影响，北京体育学院的教学工作无法正常开展，学校的国际化工作也一度中断。

2.2 北京体育学院与体育援外

在这一时期，党和国家的第一代领导集体高度重视与发展中国家的友好往来和合作关系。团结社会主义友好国家及亚非拉地区新兴的民族独立国家是当时我国对外政策的主旋律。体育战线为了配合国家的对外交往工作，发挥体育的特殊作用，1957 年经周恩来总理等中央领导同志批示同意，国家体委向越南派出了我国历史上第一支体育援外教练队伍，从此拉开了新中国援外教练员工作的序幕①。

北京体育学院是最早开展体育援外工作的体育专业院校，依托其雄厚的师资力量和场馆设施，学校在体育援外工作中发挥着独特作用。学校的援外工作不仅“走出去”，还“请进来”，1959 年，首次接受国家体委的援外任务，为阿尔及利亚足球队一行 18 人开设短期学习班；1960 年 7 月 17 日，柬埔寨篮球队 7 人来校进行短期学习和训练；1963 年 9 月 1 日，中国驻阿尔及利亚大使曾涛代表北京体育学院捐赠给阿尔及利亚青年和体育部一大批体育器材②。

1964 年 7 月 17 日，国家体委国际联络司向国家体委党组打报告，建议成立对外援助小组（以下简称“外援小组”），其任务：一是制订对外援助计划；二是派出体育教练员、提供体育器材、为外国教练员举办短期培训班及其他外援工作；三是总结援外工作经验。对外援助小组拟由国家体委球类司、运动司、计划财务司、干部司、国际联络司及北京体育学院等组成。北京体育学院负责举办短期教

① 刘鹏．援外教练五十载　五洲遍开友谊花［N］．人民日报海外版，2007－9－26.

② 中国体育年鉴编辑委员会．中国体育年鉴 1963［M］．北京：人民体育出版社，1965：34.

练员培训班及外送的教育计划及教材等。国家体委党组很快批准了国际联络司的报告，7 月 21 日国际联络司致函北京体育学院：“‘关于建立外援小组的报告’党组已经批准。请你院指定一位负责同志担任外援小组成员，并于 7 月 22 日下午 3 时在体委二楼会议室召开第一次会议，请准时出席。”会后，学校迅速研究制订了具体的工作计划。一是外送的教学计划及教学大纲，拟用本院最近修订的 1964 级体育系及运动系教学计划及大纲。外送教材可用人民体育出版社出版的统一教材，经干部司审查后备用。二是短期教练员训练班（外国教练员来我国训练）工作由本院留学生工作机构兼管。三是我们建议将 30 人的援外教练员的训练与运动系（国家队）的训练相结合，有利于提高教练员水平。四是由院办公室主任尹占春同志代表本院作为外援小组成员。北京体育学院结合自己的特点和优势，迅速投入到体育援外工作中，不仅完成了外援小组分配的举办短期教练员培训班、外送教育计划及教材的工作任务，还主动承担外派专家及教练员的任务。

1964 年 10 月 24 日，以李达为团长，钟师统、张联华为副团长的中国体育代表团一行 7 人开始访问越南民主共和国。两周后，按事先与越方商定的程序，留下了钟师统副团长率领的北京体育学院代表团（团员为贾世仪、王幼良）与越方商谈向越方派专家的事宜①。（图 16）

图 16　学校赴越南援助专家组成员

①《北京体育大学校史》编委会．北京体育大学校史：1953—2003［M］．北京：北京体育大学出版社，2003：46.

北京体育学院代表团向越方介绍了学校的建校与办学情况，强调了自力更生、艰苦奋斗的精神。与越方商议后，北京体育学院决定经政府批准后向越方派遣8名专家：田径2名、体操2名（男、女各1名）、篮球1名、排球1名、游泳1名、体育理论1名（兼教学教务工作）。回国后，北京体育学院向国家体委递交了《北京体育学院关于教师赴越工作的报告》，提出派遣8名教师赴越工作，帮助越方本科教师和教练员训练班的教师提高理论、技术水平，以便提高体校的教学质量；帮助各教研组组织教学工作，开展科研工作。赴越讲学的运动生理学教师还要帮助越方规划实验室和提高人体解剖学课程的教学水平。报告还提出对赴越工作的教师在政治上、思想上、业务上进行培训。经国家体委批准后，1964年12月王幼良（专家组组长）、王义润、吴中量、郑嘉诰、王家礼、袁永和、郑吾真和黄美林8人，正式前往越南民主共和国工作。在北京体育学院援越工作小组到达越南半年后，1965年5月中共中央援越领导小组成立，中央军委总参谋长罗瑞卿任组长。因此，在援越工作中体育起到了排头兵的作用。

图17　援越中国专家居住的茅草屋

赴越专家组组长王幼良在《异国的似水年华》一文中回忆道，“因为是无偿援助，所以我们的津贴都是非常少的。当时正赶上越南最困难的时期，生活艰苦自是不必说。1965年越南战争升级，慈山体校被迫迁移到山区，我们也跟着到了山区。当时我们住茅草屋（图17），还要自己去种稻子、挑水，相比其他国家的专家更有亲和力，这给越南当地人留下了很好的印象。除此之外，美国飞机扔下的炸弹就在离我们很近的地方爆炸，很多次离死亡只有一步之遥。有时候，身处危险的环境，人的生命是得不到保障的。即使在毫无保障的情况下，大家依旧奋战在教学支援的第一线，积极协助越南方面建设当地的体育设施。在越南的两年，我经历了很多，是北京体育学院给我提供了这次宝贵的经历，让我的青春年华不曾虚度。我现在还时不时回忆起这段岁月，年轻真的很美好！”① 除了对越援助，北京体育学院还陆续向阿尔巴尼亚、尼日利亚、印度尼西亚、马来西亚等国派出了教练员。北京体育学院依托自身优势还成了援外教练员管理和培训的基地。图18为越南政府授予中国专家的友谊证书与奖章。

图18 越南政府授予中国专家的友谊证书与奖章

1965年12月国家体委在《关于援外教练员的组织领导和管理问题的规定》中决定组建100名援外教练员队伍，专门从事援外工作，将援外教练员分配在北京体育学院、运动司和球类司三个单位。其中，北京体育学院有25人，编制属于国家体委，其人员配备、思想教育、业务学习、行政管理均由北京体育学院负责。平

① 王幼良．异国的似水年华［M］//王芬，程建平．北体情怀．北京：北京体育大学出版社，2013：98－99.

时他们作为学校教师参加教学训练工作，有援外任务时，由学校负责选拔符合要求的人员出国，他们出国是专家，回校是教师。

2.3 北京体育学院与留学生培养

中国政府历来重视留学生培养工作，从新中国成立初期就将其看成是国家对外交往政策的一部分和应尽的国际主义义务，更将其看成是增进各国文化交流与合作的平台，有利于促进国际间理解并维护国际和平的一项具有战略意义的工作①。

由于北京体育学院的留学生均来自体育发展水平相对落后的友好国家，因此，这一时期的留学生培养工作也可以称得上是一种体育援外的新方式。北京体育学院培养外国留学生的工作是在教育部统一安排下进行的，初期接收的留学生均由国家统一分派，接待标准按国家规定执行。留学生全部主修运动训练学专业，也招收了一些体育基础理论学科方面的留学生。1958 年，北京体育学院第一批招收的 10 名越南留学生均获中国政府奖学金。他们学习田径、体操、足球、排球专业，学历为本科，学习时间为 4 年。图 19 为我校朱泰昌老师指导越南留学生训练。

图 19　我校朱泰昌老师指导越南留学生训练

① 田青. 北京体育大学来华留学生教育管理研究［D］. 北京：北京体育大学，2009.

进入20世纪60年代，随着北京体育学院留学生人数的增多，为了更好地开展留学生的培养工作，学校于1961年12月14日正式设置留学生办公室，院办主任李克如同志兼任留学生办公室主任①。北京体育学院是我国最早招收留学生的高等院校之一。

北京体育学院在留学生培养工作中不仅重视留学生的学业，还关心他们的在校生活，尽可能地为留学生在校学习、生活提供便利，学校师生与留学生也因此结下了深厚的友谊。1964年8月，回国工作的越南留学生丁文寿代表同期回国的留学生给北京体育学院钟师统院长写信，汇报他们的工作情况，并在信中表达了对母校北京体育学院的感激之情。他在信中写道，有许多同学说过，从中国回来的教师工作态度很好、教学方法得当，他们非常喜欢这样的教学方式。他们还说，从北京体育学院回来的教师的思想、态度、业务等素质过硬，因此我们受到学校领导、老教师和学生的喜爱和信任，他们亲切地称我们是“北京教师”。“（越南）国家体委总书记吴伦同志在学年总结大会上表扬了我们，他说，‘从北京体育学院回来的同志，他们在政治思想、工作态度、业务水平上都很好，他们肯钻研、谦逊的品质是我们学习的榜样，有机会与中国国家体委或者北京体育学院领导同志见面，我要向他们表示感谢’。……我们所取得的成就与中国共产党的教育分不开，与我们敬爱的母校——北京体育学院的领导同志、各位老师、工作人员的培养分不开。……我们经常看体育报，每当看到北京体育学院的消息时，我们都非常高兴。我们全体同学向敬爱的母校——北京体育学院祝贺，敬祝钟院长、李书记、各位副院长、各位主任身体健康、工作顺利。同时通过你们向全体工作人员、各位老师、同学们问好！我们高呼：越中两国人民的牢不可破的友谊万岁！”

不仅是留学生，越南政府也对北京体育学院培养越南留学生的工作给予了高度评价。1964年11月，在与访越北京体育学院代表团座谈时越南国家体委总书记吴伦说，“你们已经在越南停了一段时间，你们提的意见都很宝贵，这不是说外交话。特别是从北京体育学院毕业回来的学生，我们对他们的评价很高，他们的工作、思想和作风都很好，对我们来说这是宝贵的，这也是你们的功劳。我代表越南体委和体育学校向你们表示衷心的感谢”。1965年7月8日，越南大使馆一等秘

---

①《北京体育大学校史》编委会．北京体育大学校史：1953—2003［M］．北京：北京体育大学出版社，2003：46.

书阮丁访问北京体育学院，他对邓乙真副院长说，“陈子平大使让我代表他来向你们表示感谢，感谢你们为越南培养了30多名体育干部。……从留学回来的学生做的汇报中我们知道，你们学校对他们很关心，这几年他们由不喜欢体育变成喜爱体育。上一次我们的参赞参加了在京越南同学的抗美救国运动会，他从运动会上看到体院越南同学的表演，说明了这一点。去年毕业回国的学生在工作中表现得也很不错”。

从1958—1968年，在校的留学生数量从10人增加到了65人，但由于“文革”的影响，从1969—1973年，北京体育学院停止了留学生的招生工作。1974年恢复招生以后，在留学生的培养和管理工作中，学校突出了自身的体育特色，尤其是在民族传统体育专业领域。

2.4 这一时期的口述历史回忆

2.4.1 胡淑贞回忆

当年我在人事处学生科工作时，领导指派我负责管理留学生的所有工作。第一批来学校的是10名越南留学生，有2女8男，这支留学生队伍的领队叫丁文寿。由于学校第一次接待外国留学生，同时越南也是社会主义国家，可以说“外事无小事”，因此我校对留学生的工作特别重视，无论是在教学还是生活方面都是按照最高标准来接待他们。

在当时，我校的学生是7人一个宿舍，给他们安排的是2~3人一个宿舍。在学习上，我和教务处商量了一下，让他们跟着普通班级的学生一起上课，但是给他们配备专业的指导教师来帮助他们。他们在来之前已经学过一年的汉语，因此在生活和学习上基本没有障碍。除了安排指导教师，我们还特地安排同班的中国同学对他们进行一对一辅导，从而帮助他们解决学习上遇到的困难。有了教师和同学的帮助，他们在语言上和技术上都有了很大的进步。

作为管理留学生的工作人员，我既是他们的老师，也是他们的“家长”，还是他们的“保姆”。当他们向我寻求帮助时，基本上是有求必应。通过我们的努力，他们在学校的吃、住、学习可以说是无忧无虑的。为了让他们能够吃得好，我专门到北京市人民政府外事办公室和国家体委外事局聘请了一位中西餐都做得很好的厨师，他姓储，之后他便一直留在学校工作直到退休。在我们的帮助下，这些留学生生活得非常幸福，甚至有的留学生说，学校照顾得比他们父母照顾得都好。我们的努力让他们感受到了温暖，使他们在这里的学习和生活都非常顺利。

为了照顾好留学生的生活，学校不仅在吃的方面花费了许多心思，还为他们提供了更好的住宿条件。留学生最早住的是普通的学生宿舍，虽然当时我们国家处于三年困难时期，但是为了让他们住得更好，学校特地向国家体委打报告，申请盖一座留学生宿舍楼，也就是现在的小白楼，当时是我去国家体委提交申请的，并获得了领导的批准。国家处于困难时期，能拨经费盖这栋小白楼很不容易，这在北京体育学院也算是一件大事了。留学生宿舍楼盖好后，他们非常高兴地搬进了新楼，那里的条件实在是太好了。一般的学生宿舍楼一栋只有一间浴室，留学生宿舍楼虽然没有做到每间宿舍都有浴室，但是每层楼都有男、女浴室，每间宿舍住两名学生，还配备了柜子等家具，是很方便的。住宿条件的改善使他们非常高兴。我还留了一张越南留学生在宿舍里拉手风琴唱歌的照片（图20）。

图20　越南留学生在宿舍里拉手风琴唱歌

20世纪60年代初，北京体育学院留学生的生活条件与其他几所院校相比算是很好的。在北京大学、清华大学等学校也有越南留学生，留学生经常互相交流，都说北京体育学院的条件很好。那时中央领导很重视北京体育学院的发展，朱德、邓小平同志几次来到学校视察，贺龙同志更是经常来北京体育学院，还和越南的留学生合影留念。贺龙同志对北京体育学院的建设付出了很大的心血，没有他的支持，北京体育学院不可能发展得这么快。

我还记得越南的胡志明主席来参观北京体育学院，并看望越南的留学生。留学生向他汇报完工作之后，他特地要见我。胡志明主席待人很好，很亲切，没有任何领导的架子。他见到我的时候亲切地和我握手，并非常感谢我对他们学生的关心和照顾。当时我是和他合了影的，但是照片没有给我，现在通过其他渠道也找不到了。目前，我手上有一张 1965 年北京体育学院欢送 1960、1961 级越南留学生毕业留念的合影（图 21），从照片中可以认出来，这就是在小白楼前面照的。

图 21　北京体育学院欢送 1960、1961 级越南留学生毕业留念

2.4.2　郑吾真回忆

1964 年 10 月，越南想要成立一所中央体育学院，便请求我国的北京体育学院派专家团帮助他们建立各个学科的教研室，培养一些骨干教师。我国专家代表团团长是李达上将，我院钟师统院长是代表团成员。我校的专家代表团主要负责 3 个项目——体操、田径和球类。

体操专家组由我（图 22）和我校黄美林老师，以及国家队的 2 名教练组成；

球类专家组成员都来自我校；田径专家组共4人，2人来自我校，2人来自上海体育学院。我国专家代表团的主要任务是为越南体育院校培养师资队伍及管理者。

图22　我校教师郑吾真在越南

当时的越南正在进行抗美救国战争，美军飞机几乎天天轰炸，形势特别紧张。本来学校在城里，为了避免轰炸便搬到了郊区。老师们每天从城里坐车到郊区上班，晚上回来住在宾馆。那时候生活艰苦，粮食很紧张，越南老师的粮食是定量供应，为了照顾我们，他们早上一般不吃饭，只吃香蕉。我们已经受到了一些特殊照顾，但有时也得吃香蕉。随着时间的推移，我们和越南师生、翻译们相处融洽，感情越来越深。特别是有一名翻译曾是我校的留学生，是我教过的一名学生。

有一次我们去一个高炮部队参观前线战事，地点在海黄，那里经常有飞机来轰炸。带领我们的人开车走在前面，离我们有些距离。突然间前面的车停住，翻译让我们也停车。车前面还有五六米就是一座已经被炸断了的桥，如果冲过去，后果不堪设想。

还有一次我们遇到了空袭，飞机在投炸弹，可我们没地方躲了，只能原地隐蔽起来。只有蹲在坑里才有可能不被弹片炸到，当地的老师把我按在坑里，那个翻译挡在我上面，当时我很感动，与其说我与他建立了友谊倒不如说是生死之交。另外，还有一次空袭，炸弹已经爆炸了，我来不及躲，气浪把我推出去好远，幸好我倒在一片竹林上，靠着竹子的弹性，才没有受伤。

在越南，我们的专家代表团全心全意为他们服务，把我们的教学经验、知识都传授给他们。当时我身兼数职，除了教学，还担任全民健身顾问，此外还帮助越南国家体育代表团选材。越南体委决定授予我友谊徽章。我记得越南国庆时，总理亲自宴请各个国家的专家。在那个大会上，我领取了徽章和证书（图23）。徽章和证书一直被我悉心留存，半个世纪过去了，尽管证书已发黄，但是意义依旧。

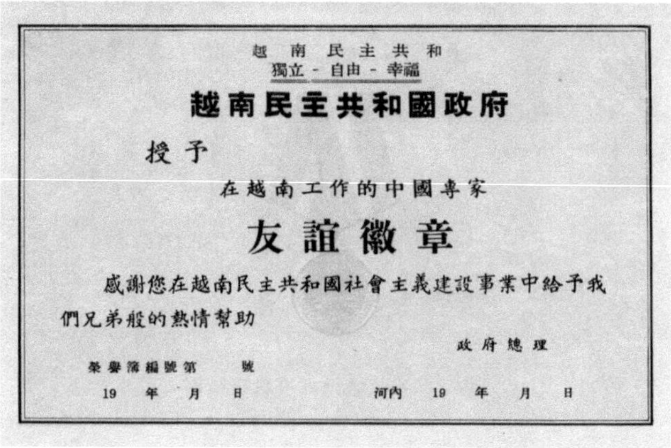
越南民主共和
獨立－自由－幸福
越南民主共和國政府
授予
在越南工作的中國專家
友誼徽章
感謝您在越南民主共和國社會主義建設事業中給予我們兄弟般的熱情幫助
政府總理
榮譽簿編號第　　號
19　年　月　日
河内　19　年　月　日

图23　我校教师郑吾真获得越南政府颁发的荣誉证书

回国后，只要有越南的代表团来，我都会到学校和援越的同志一起拍照、吃饭、游玩。这份感情一直延续了很长时间。我们培养的干部后来都成了越南体育系统的骨干、体育院校的领导及国家体委的领导，这对我们来说是非常有意义的。

2.5　小　结

体育的重要作用之一就是作为国家宣传的一种“陈列柜”，通过体育展示中国的实力和中国人的风貌，树立良好的国家形象。这一时期，随着体育工作重要性的凸显，北京体育学院的国际化程度也得到了提升。经过几年的建设，优美的校园环境、先进的训练设施、较高的运动和教学水平，以及体育具有的超越不同文化及意识形态的特点，使得学校成了北京市对外开放参观的重点单位之一，成了向世界展示新中国体育成就及热情友好形象的一个窗口。参观过北京体育学院的外宾纷纷把学校称为“中国体育的橱窗”，由此可见，北京体育学院在我国体育对外交往工作中的重要地位。

这一时期，团结社会主义友好国家及亚非拉地区新兴的民族独立国家是国家对外政策的主旋律，体育对外交往的重点工作就是针对上述国家开展援外工作。作为最早开展体育援外工作的体育专业院校及国家体委外援小组首批成员单位，北京体育学院在体育援外工作中起到了重要作用。这段历史显示，北京体育学院在体育援外工作中的作用是其他体育部门或运动队无法取代的。

3　20世纪70年代的国际化

3.1　重新对外开放的北京体育学院

"文革"初期，北京体育学院党委和各级组织普遍受到冲击，学校工作陷于半瘫痪、瘫痪状态。1969年11月开始，学校教师、干部及家属先后被下放到各地，不准回校，学校工作处于全面停滞状态。同年12月，高度重视体育工作的周恩来总理批示："北京体育学院要办，还要办好。"并要求1970年上半年做好继续招生的准备工作。然而，学校的工作一直未能全面恢复，直到1972年2月，"五七干校"全部学员在周总理的关怀下开始撤离①。同年11月，北京体育学院在"五七干校"的人员全部返校，开始恢复工作。

1971年，毛泽东主席和周恩来总理充分利用"乒乓外交"的历史机会与美国建立了联系，融化了多年来阻断两国交往的政治坚冰。随后，中国充分发挥体育外交的作用，通过参加、组织体育比赛及体育援外项目，团结了广大第三世界国家，并与许多西方国家建立了友好关系。在此期间，逐渐恢复正常工作的北京体育学院再次成为对外开放的院校，继续在体育外交中发挥"中国体育橱窗"的作用。

从1971年开始，北京体育学院曾接待多批各国和地区的来宾、运动队及社会团体的访问、参观和训练。特别是1971年10月下旬，时任美国国务卿的基辛格博士第二次访问中国就来到学校参观，基辛格博士在观看了北京体育学院武术队的表演之后，对中国的武术赞叹不已，回国后立即邀请中国武术团访问美国。当时陪同参观的还有我国著名乒乓球运动员，"乒乓外交"的参与者——庄则栋。庄则

① 《北京体育大学校史》编委会．北京体育大学校史：1953—2003［M］．北京：北京体育大学出版社，2003：65－69.

栋在《庄则栋自述》一书中回忆道，“1971年10月下旬，体委领导通知我去北京体育学院外宾接待室，陪同前来我国秘密访问的美国总统国家安全事务助理基辛格博士参观北京体育学院（图24，这次应是基辛格第二次访华，为尼克松总统访华做准备，应为公开访问）。当钟师统院长把我介绍给基辛格博士时，基辛格同我热情地握手说，‘感谢你为美、中两国人民的友谊所做出的贡献！’接着基辛格博士幽默地说，‘没有你在第三十一届世乒赛所作的努力，我也不会这么快飞到你们国家来！’我回答道，‘您这么快来我国访问，是我们中、美两国及两国人民长期共同努力的结果！’”①

图24　美国国务卿基辛格博士来校参观访问

按照当时国家体委的规定，庄则栋这位“乒乓外交”功臣，应是北京体育学院的学生。学校在1966年4月6日关于《1965年接待外宾参观工作总结》中提到将优秀运动员定为北京体育学院学生身份的问题，其中写到庄则栋在1963年为体院三年级学生。在1965年4月24日学校制定的《接待国宾诸项事宜》中也提到，庄则栋为学院三年级学生。此外，当时著名运动员郑凤荣、倪志钦等人的身份也被定为北京体育学院学生。

1972年2月21日上午6点55分，美国总统尼克松的“空军一号”到达上海

① 庄则栋．庄则栋自述［M］．北京：新华出版社，2014：163－164.

虹桥机场，这是一个历史性的时刻。稍作休整，尼克松总统一行飞往北京，开始了对中国历史性的访问。2 月 23 日晚，周恩来总理陪同尼克松总统一行在首都体育馆观看了由国家体委组织的体育表演，项目有仪仗队、乒乓球、羽毛球和体操表演[①]。北京体育学院青训大队队员承担了开场仪式中仪仗队表演的任务，上百名运动员举着红旗，在《运动员进行曲》的伴奏下迈着整齐的步伐列队进入会场，全场 1.5 万名观众爆发出了雷鸣般的掌声。由北京体育学院青训大队队员组成的仪仗队展示了中国青年运动员的风采。

1970 年 10 月，中国与加拿大建交，中加建交被赞誉为 70 年代中国外交的"报春花"。1973 年 10 月，周恩来对来访的加拿大总理特鲁多说，"加拿大是 70 年代首先承认我们的国家，支持我国在联合国中的合法地位，影响很大"。对此，曾有美国舆论攻击特鲁多是"共产党"。由此可见，中加建交影响之深远。加拿大总理特鲁多与夫人在邓小平同志的陪同下专程来到北京体育学院参观。这次陪同参观是邓小平同志在复出之后的首次公开露面。特鲁多夫妇在学校观看了北京体育学院射箭队的表演。在接待加拿大总理特鲁多的国宴上，周恩来总理特意对北京体育学院射箭队教练、世界冠军李淑兰说，"今天加拿大总理上你们那儿去看比赛了，回来就说到了体育学院看了你们的表演"[②]。北京体育学院 1973 级学生、国家体育总局原副局长王钧回忆道，"1973 年，加拿大总理特鲁多访华，邓小平同志陪同他来到北京体育学院参观，当时安排我们迎接。第一次见到了小平同志，大家非常高兴、非常激动，感觉特别亲切"[③]。

1972 年 4 月 15 日，学校接待了美国参众两院代表团团长曼斯菲尔德的来访。1973 年 9 月，学校接待了伊朗巴列维亲王及夫人的来访；11 月接待了澳大利亚总理惠特拉姆与夫人的来访。1975 年 4 月 25 日，学校盛情接待了朝鲜民主主义人民共和国主席金日成的访问（图 25）；6 月 13 日接待了冈比亚总统贾瓦拉的来访。[④]

---

① 邬吉成．尼克松访华时的警卫细节［J］．中国人才，2008（16）：72－75.

② 中共中央文献研究室．共和国体育［M］．贵阳：贵州人民出版社，2008：160－161.

③ 王钧．难忘的学生时代［M］//王芬，程建平．北体情怀．北京：北京体育大学出版社，2013：115.

④《北京体育大学校史》编委会．北京体育大学校史：1953—2003［M］．北京：北京体育大学出版社，2003：69.

图 25　朝鲜民主主义人民共和国主席金日成来我校参观

1971—1977 年，北京体育学院接待来校参观的外宾活动就有 453 起，共计 7739 人。其中，国家元首级的有 15 起。“文革”期间，北京体育学院依旧在体育对外交往一线坚持开展工作，展示了中国体育积极向上的精神风貌，在维护和提升国家形象方面做出了历史性的贡献。

3. 2　北京体育学院与中国体育走向世界

国际体育赛事是体育交流最常见的一种方式。国际体育赛事因其参与者的广泛性和跨国性，成为赛事参与国大众阶层沟通、联系的平台。人们基于共同的爱好，在对体育赛事的共同参与和关注中彼此交流与沟通，加深了解与认同。周恩来总理曾经告诉中国运动员，“一定要好好比赛，你们的比赛，代表了国家。我出去访问，搞政治的人都知道我是周恩来，普通老百姓不知道我是周恩来，可你们去比赛，上万人都来看。大家就会说，哦，这是中国。所以，你们的任务是很重的，因为你们代表了国家”①。1981 年，中国女排首夺世界杯冠军，成了当时中国人的模范和骄傲，更成了中国在改革开放后 80 年代开始腾飞的象征。中国女排这

① 中央文献研究室. 共和国体育［M］. 贵阳：贵州人民出版社，2008：119.

群可爱的姑娘，她们实现了中国人振兴“三大球”（篮球、排球、足球）的梦想。女排精神成为“文革”后注入中国人民的一剂强心针，成为激励12亿中国人的精神源泉①。可以说，中国女排和中国运动员塑造了80年代初期中国改革开放、走向世界的形象。“文革”结束后，中国竞技体育之所以能够迅速复苏、勃发，与北京体育学院是密不可分的。1971年成立的北京体育学院青训大队，堪称这一时期中国体育走向世界的孵化器。

受到“文革”的影响，许多运动队停办，场地荒芜，体育馆变成了仓库。尤其是1966—1970年，青少年训练工作完全停止，造成了严重的人才断层。加强后备人才培养成为竞技体育恢复与发展的重要基础。为了以最快的速度培养体育后备人才，改善青黄不接的局面，国家决定成立青训大队，国务院、中央军委联合发出1970年109号文件，即《对北京体育学院招生问题的批示》。根据文件精神，1971年1—4月北京体育学院派出52名教师，分赴全国28个省市招收了中专性质的青训大队队员372名，连同原国家集训队的26名队员，共计398名（其中男子225名，女子173名），分为田径、足球、篮球、排球、羽毛球、体操、游泳、武术等中队，队员于5月份到校上课。这是自1966年停课以来，学校第一次重新招生和恢复上课②。学校挑选了最优秀的教师担任青训大队的教练员，开始从这批青年运动员的基本功训练抓起，由于青训大队队员年龄普遍较小，学校配备的教练员和文化教员与队员们吃住在一起，朝夕相处，当时担任青训大队乒乓球、羽毛球中队负责人之一的杜家柱老师回忆起那段日子说，“教师们就像他们的家长一样关怀着孩子的成长与进步”。青训大队学习部队练兵时提出的“从难、从严、从实战出发”的“三严”方针，同时坚持体育界提出的大运动量训练理论，培养了一批优秀运动员。女排国家队前队员曹慧英在《我从这里起飞》一文中写道，“70年代初，当我还是一个天真烂漫的少女，就来到了北京体育学院青训大队学习。在青训大队里，老师们为我的起步铺下了一块块基石，那年，我不到14岁。没想到北体三年的摸、爬、摔、打、扣、传，使我真正地闯入了排坛，接着又完成了国家队的跳跃，成为“文革”后女排打翻身仗的第一批队员。和女排的队友们一起，

① 杨英．中国女排的奥运冠军效应［J］．搏击（体育论坛），2010，2（7）：53－54.

② 《北京体育大学校史》编委会．北京体育大学校史：1953—2003［M］．北京：北京体育大学出版社，2003：69－70.

投入到了搏击世界排坛风云的队伍之中”[①]。“文革” 后中国女排建队的第一批队员有曹慧英、陈招娣、杨希（图 26）、沈散英 4 人来自北京体育学院青训大队，她们在北京体育学院青训大队扎实的启蒙训练，为她们后来加入国家队，成为主力队员，打下了良好的基础。

图 26　青训大队学生杨希（左一）、陈招娣（左二）、曹慧英（右一）成为国家女排“五连冠”的功臣。右三为赵斌副院长，右四为时任国家队主教练的袁伟民，右二为原青训大队教练吴中量

1974 年，中国第一次派代表团参加第七届德黑兰亚运会。北京体育学院青训大队通过不到 3 年的时间培养的这批运动员，也作为代表团成员参加了这届亚运会。其中田径队的宋美华一人夺得女子 800 米、1500 米两项冠军。北京体育学院培养的优秀跨栏运动员崔麟训练中断了六七年，为了祖国的荣誉，于 1973 年恢复训练，1 年多后，年过三十的他第一次参加亚运会就夺得了我国亚运会历史上第一枚 110 米栏金牌（图 27）。

① 曹慧英．我从这里起飞［M］//熊西北．情系北体．北京：北京体育大学出版社，2003：253－255.

图27　青训大队队员崔麟(左二)在比赛中

经过两年零六个月的学习与生活，青训大队队员以优异的成绩完成学业（图28），有的被输送到国家队、省体工队，还有部分被分配到八一体工队。为国家队输送的人才有陈招娣、曹慧英、杨希、栾劲、林诗铨、魏京生、伍时宝等。除女排的几名世界冠军外，羽毛球项目的栾劲、林诗铨也曾多次获得单打和双打的世界冠军。栾劲更是被誉为中国羽坛的“开山天王”。1982年，中国羽毛球队首次夺取了汤姆斯杯冠军。在决赛中，中国队对阵印尼队，中国队第一天1∶3落后，第二天栾劲首先上场，战胜8次全英冠军梁海量，为中国队扭转乾坤。1983年，栾劲接连战胜丹麦球王弗罗斯特、印尼“天皇巨星”林水镜等世界强手，外国媒体称这一年是国际羽坛“栾劲年”。此后，许多学员还陆续成了国家队及各省队的教练员。大家熟悉的“飞人”刘翔，他的教练孙海平就是北京体育学院青训大队田径中队的队员。孙海平还曾作为援外教练员赴也门执教，并率也门田径队参加了1990年北京亚运会。北京体育学院青训大队之后被国家承认为北京体育学院大专班，授予队员大专学历。

图 28　北京体育学院青训大队结业留念

北京体育学院射箭队也培养了众多的世界冠军。1972 年，经国家体委同意，学校成立了射箭队，全队编制 22 人，是学校“文革”期间开始训练高水平运动员的第一支队伍，男、女队的教练员分别由曾打破世界纪录的著名运动员徐开才、李淑兰担任，当时的北京体育学院射箭队就是国家射箭队。图 29 为 1972 年国家体委主任王猛来校观看学生射箭训练。射箭名宿李淑兰称北京体育学院是“中国射箭运动重新崛起的地方”①。

图 29　1972 年国家体委主任王猛（二排右六）来我校观看学生射箭训练

① 李淑兰．中国射箭运动重新崛起的地方［M］//熊西北．情系北体．北京：北京体育大学出版社，2003：251－252.

在“文革”期间，体育事业停滞不前，但北京体育学院默默地、坚持不懈地努力着，仍然承担着中国体育复苏、勃发的重任。北京体育学院青训大队为中国女排打翻身仗，为中国女子射箭闯入世界强队奠定了基础，为中国田径和其他项目日后的腾飞，也为改革开放后中国体育事业走向世界、快速发展培养了一批骨干力量。

3.3 北京体育学院与乒乓援外工作

20 世纪 70 年代，小小银球不仅结束了中美两国 20 多年的隔绝时代，也成了中国与世界各国加强沟通与合作的友谊之桥。“乒乓援外”也成了这一时期最重要的体育援外形式，原国家体委副主任徐寅生曾经说过，“我们乒乓球援外教练工作取得的成绩是很好的。1959—1979 年，我们派遣乒乓球援外教练 252 人次，遍及 62 个国家。乒乓球援外教练人数之多，占世界第一位，而且效果也是非常好的。这和我们国家乒乓球运动技术实力有很大关系”。

北京体育学院继续发挥自身优势，配合国家的“乒乓援外”工作。1972 年秋，为满足乒乓球事业迅速发展的需要，学校建成了新的乒乓球馆。按当时规则的规定，新球馆划分为 12 块标准场地，之后接待了许多国外乒乓球队的训练。这算是我国在逆境中一个宝贵的基建项目①。

1971 年，北京体育学院在体育援外领域的作用继续扩大，针对援外的培训工作不仅包含教练员培训，还拓展到了直接帮助国外运动员训练的范围。在那个年代，由北京体育学院承担接待国外运动员训练任务是一种最有效、最经济的方式。国家之所以把接待国外运动员训练的任务交给北京体育学院，是因为学校拥有优良的训练、住宿条件和教练员队伍及在体育援外工作中的重要地位。

1971 年 11 月，学校开始负责对尼日利亚、加纳和索马里等国留京的 8 名运动员、3 名教练员进行短期代训。1971 年 11 月 18 日，北京体育学院呈报国家体委的《关于代训尼日利亚等国乒乓球运动员有关问题的请示报告》中针对代训工作的训练、服装、伙食、用车等标准做了详细准备，并专门组成 4 人工作办公室负责代训

① 《北京体育大学校史》编委会．北京体育大学校史：1953—2003［M］．北京：北京体育大学出版社，2003：72.

的日常工作。图 30 展示的就是国外运动员在我校学习乒乓球的场景。当时学校工作的具体负责机构是首都工人、中国人民解放军驻北京体育学院毛泽东思想宣传队指挥部。

图 30　国外运动员在我校学习乒乓球

1973 年，我国积极发起并举办了亚非拉乒乓球友好邀请赛。本届邀请赛是亚非拉乒乓球友好邀请赛筹备委员会委托中国乒乓球协会主办的，有 86 个国家和地区的乒乓球代表团参加，其规模之大超过了世界乒乓球锦标赛。亚非拉乒乓球友好邀请赛的举行，让许多参赛国看到了中国乒乓球运动的水平之高。邀请赛结束后，老挝爱国战线驻河内代表团团长炮平帕占向中国方面提出留下 5 名队员，另从南宁“六七”学校抽调 19 名学生共 22 人，在中国进行 3 年的乒乓球训练，并计划从这批运动员中选拔未来在老挝从事体育工作的骨干力量。国家把接待老挝爱国战线乒乓球队训练的任务交给了北京体育学院。1973 年 10 月 4 日，外交部、国家体委呈报国务院《关于老挝爱国战线乒乓球队在华训练的请示》中写道，“根据要求，我们接待有一定困难，但考虑到我国与老挝爱国战线的亲密关系和对方长期培养干部的需要，因此，拟接受其在华较长期训练的要求。……请北京体育学院进行培训和接待……”。

1977 年，北京体育学院接待了厄瓜多尔乒乓球、体操专业各 2 名教练员的进修培训工作。自 1973 年以来，中国与厄瓜多尔一直保持着体育交往。1975 年厄瓜多尔全国体育总会主席维诺·埃尔南德斯访华，主动与中华全国体育总会发表联合声明，明确表示只承认一个中国，即中华人民共和国，积极主张恢复中国在国际体育组织中的一切权利，对中国的态度热情而友好。1976 年，维诺·埃尔南德斯当选为厄瓜多尔奥委会主席后便致电中华全国体育总会，要求当年派两名体操教练来华进修一年，派两名乒乓球教练员来华学习 6 个月。1977 年 9 月 29 日，外交部、国家体委呈报国务院《关于邀请厄瓜多尔乒乓球、体操教练员来华进修的请示》中决定为了进一步增进中厄两国人民和运动员之间的相互了解和友谊，推动两国关系的发展，拟同意邀请厄瓜多尔乒乓球、体操教练各两名年内来华，安排他们在北京体育学院进修。

1979 年，北京体育学院开始承担为埃塞俄比亚培训乒乓球和体操教练员的任务。这也是《中华全国体育总会和埃塞俄比亚体育运动委员会代表团关于体育交流合作协议》中的重要内容。1978 年 4 月 17—20 日，埃塞俄比亚体育运动委员会代表团访问中国，访问期间与中华全国体育总会就体育交流、合作问题进行了会谈，并达成了相关协议。双方认为，发展中埃两国的体育交流、合作，是符合两国人民和体育工作者的共同愿望的，是有利于加强两国人民的友谊和推动两国体育事业的发展的。双方表示，将进一步为发展两国体育组织之间的友好交往和合作而做出努力。埃方表示，将继续支持中国为从国际体育组织中驱逐蒋帮代表，恢复中华人民共和国在所有国际体育组织中的合法席位的斗争。除了埃塞俄比亚，北京体育学院还为众多非洲国家培养体育留学生，促进了非洲体育事业的发展（图 31）。

这一时期，北京体育学院继续在体育援外工作中发挥着援外教练员管理和培训基地的作用，配合国家整体的体育对外交往工作。名古屋会议后，为适应我国体育在国际活动中日益增多、教练援外工作也日益发展的形势要求，受国家体委的委托，北京体育学院于 1979 年 11 月 12 日—1980 年 2 月 9 日举办了乒乓球援外教练员培训班。这是我国历史上第一次举办乒乓球援外教练员训练班，国家体委和北京体育学院都非常重视。在开班典礼上，时任北京体育学院党委第二书记、副院长赵斌做了动员讲话，明确了训练班的目的、任务和要求。他说，“对一批有一定实践经验的教练员、运动员进行短期培训，提高其政治思想觉悟、基础理论知识、专业理论水平，以及增强援外训练的实际工作能力，必将为今后更好地完

图31 非洲留学生结业留影

成援外任务打下基础，使我们的援外工作更好地为党的外交政策服务”。参加开班典礼的国家体委副主任徐寅生对学员说，“要提高我们教练员的执教水平，就得认真学习。我们有些援外教练员在工作中很卖力，就是讲不出更多的道理。这说明我们的教练员有加强学习的必要性”。来自全国各地的31名学员参加了训练班的学习。北京体育学院为了科学设置课程，专门到国家体委政治部、球类司、国际联络司、训练局、科研所等单位虚心请教，倾听意见，还访问了有经验的乒乓球援外教练员，制订有针对性的“教育计划”和“教学大纲”。在乒乓球援外教练员的培训工作中，北京体育学院充分发挥了自己在教学、科研、训练方面的优势，圆满完成了国家交给的任务，为我国通过乒乓援外更好地开展体育外交做出了贡献。

3.4 这一时期的口述历史回忆

3.4.1 胡淑贞回忆

1973 年 10 月，加拿大总理特鲁多参观北京体育学院，当时由我接待，有两件事让我印象特别深刻。

一是邓小平同志的复出。接待特鲁多是他在“文革”后的首次公开亮相，大家看到小平同志重新主持工作心里特别高兴。我校的外事接待工作一般是提前一周由外交部通过北京市人民政府外事办公室通知，重大接待活动提前的时间更长。1973 年我从干部学校回来就主要负责外事接待工作，之前管理外事接待的是其他同事，但他们有的调往外地，有的调到系里，有的去了别的单位，还有的去了工宣队、军宣队。接待特鲁多总理是我从干校回来的第一项重大外事接待活动。

二是特鲁多参观时带着他的夫人，他的夫人正好是怀孕期间，挺着个大肚子。当时他的夫人怀孕的消息提前通知了我，因此我很紧张，不敢掉以轻心。整个流程的安排特别仔细——她要走的路线，她要休息的地方，桌子、椅子……都是检查又检查，生怕出事，路上有不平的地方要重新修整。参观那天我紧跟在小平同志后面，为的是能够看见特鲁多的夫人，万一有什么事，我能一把拽住她，千万不能让她摔倒。当时领导也告诉我，“你可要照顾好他夫人，别出事!”其实我真是希望能够扶着她走，但不太合适，他的夫人也不愿意，所以我就尽量离她近些，保持高度紧张和警惕。

参观的过程非常顺利，我校可供参观的场馆有田径馆、篮球馆、体操馆等。特鲁多非常高兴，夫人的状态也很好，10 月她穿的还是薄裙子、绒线的小马甲。参观完毕，把她平平安安地送上车了，我们这颗悬着的心总算是放下来了。

3.4.2 李志勇回忆

“文革”后期我们学校成立了一支亲近队，即外训班（就是为别的国家培养优秀运动员的班级）。亲近队最早的负责人是解放军，他们走了之后由我校正式接管。后来我从干校回来，在国家体委工作过一段时间，之后就调回学校的外训班工作了。我主要负责接待柬埔寨王国和老挝乒乓球队。我们学校专门派人负责他们的吃、住和训练，给他们配的都是国家队的教练，陪练都是国家优秀的青年运动员。柬埔寨乒乓球队在我校训练了两年。

老挝乒乓球队一共24人，运动员都是12～14岁的青少年，他们没来学校之前在广西南宁学习，所以他们的中文讲得都不错，但学校还是为他们配了专门的翻译。由于为他们配备了高水平的教练员，所以之后这些孩子们都参加了世界级的比赛。后来他们国家的环境变好了，孩子们就都回国了。现在这批运动员还有个别人偶尔会来中国看望我们，我们也会抽出时间与他们见面叙旧。

3.5 小 结

随着国际环境的改善，中国在这一时期开始塑造积极回归国际社会、团结世界人民、反对霸权主义的国家形象。20世纪70年代初，“乒乓外交”成了影响国际关系格局的重大体育外交事件，改善了中美、中日关系。随着中国体育进入重大突破与发展时期，北京体育学院在体育对外交往工作中的地位也随之提升。周恩来总理充分了解了北京体育学院在我国体育事业及其国际化发展的重要性，在“文革”中期做出了“北京体育学院要办，还要办好”的指示。

在周恩来总理的关怀下，学校恢复工作并再次成为对外开放的院校，继续发挥“中国体育橱窗”的重要作用。北京体育学院在“文革”中期再次承担起展示中国体育事业建设成就和国家形象的重任，显示了学校国际化发展的重要作用。

在这一时期的体育援外工作中，北京体育学院继续发挥其援外教练员管理和培训基地的作用。学校利用自身的场馆和师资优势，除了直接帮助亚非拉第三世界国家的运动员进行培训，还开展了针对援外教练员的培训工作，开办了我国历史上第一个乒乓球援外教练员训练班，进一步巩固了北京体育学院在体育援外工作中的重要地位。

此外，在中国体育事业最低迷的时期，北京体育学院仍然坚持不懈地努力着，承担着中国体育复苏、勃发的重任。1971年成立的北京体育学院青训大队为中国女排、为中国女子射箭队成为世界强队奠定了基础，为中国田径和其他一些项目日后的腾飞，也为中国体育事业在改革开放后走向世界，实现迅速发展培养了一批骨干力量。北京体育学院青训大队堪称这一时期中国体育走向世界的孵化器。在中国体育事业陷入低谷的时期，国家把复兴中国体育的重任交给了北京体育学院，充分证明了国家对北京体育学院的高度认可和信任，也证明了北京体育学院在中国体育事业及中国体育对外交往领域中的重要地位与作用。

4　20 世纪 80 年代初至 21 世纪初的国际化

4.1　北京体育大学与国际体育交往

随着我国改革开放政策的实施，我国恢复了在国际奥委会等国际体育组织的合法席位，中国体育开始积极走向世界，融入世界。在改革开放初期，北京体育学院在体育对外交往中发挥了先遣队的作用，在官方交往之前率先同欧美体育发达国家展开了体育交流。学校充分利用对外交流中的有利条件，坚持对外交流为教学、训练、科研服务的指导思想，积极发展对外友好往来，广开国际交流渠道，形成了范围广、层次多、形式多样的对外交流局面。

为了促进我国体育事业的发展，提升学校的整体办学水平，北京体育学院（1993 年 12 月更名为北京体育大学）积极借鉴海外高等学校的办学理念和办学经验，积极寻求与海外高等学校建立友好校际关系。第一批海外校际关系的建立，开始于 20 世纪 80 年代初期。1980 年，学校与美国纽约州立大学科特兰分校签署了友好校际关系协议；1981 年，学校与美国春田学院（图 32）和德国科隆体育大学建立了友好校际关系；1982 年，学校与日本体育大学建立友好校际关系；1983 年，学校与澳大利亚维多利亚大学建立友好校际关系。越来越多的海外校际关系，为学校的教学、训练和科研发展提供了广阔的平台①。

① 《北京体育大学校史》编委会．北京体育大学校史：1953—2003［M］．北京：北京体育大学出版社，2003：134－135.

图 32　钟师统院长代表学校与美国春田学院签署协议

2000 年，学校与非洲的刚果（布）大学体育学院签署友好协议；2009 年，与南美洲的智利圣托马斯大学建立友好校际关系。至此，学校的友好关系院校遍布世界五大洲。截至 2013 年，北京体育大学已经与海外 34 个国家和地区的 81 所高等学校建立了友好校际关系。

更加广泛和更高层次校际关系的建立，为学校与国际高等院校间的交流访问、互派留学生等提供了便利条件和优质平台，为学校在国际体育、教育领域提供了广阔的发展空间，为学校整体实力的增强提供了有利的支持和帮助。整体实力的增强也为学校更好地进行体育外交工作奠定了基础。国际、校际交往展示了中国体育专家、学生、运动员的风采和实力，树立了中国体育走向世界的开放形象。总体来讲，这一时期，北京体育大学不仅继续发挥体育外交中“中国体育橱窗”的作用，还起到了“中国体育宣传队”的作用。

4.2　北京体育学院与体育外交家钟师统

1984 年 10 月 1 日，中华人民共和国 35 周年国庆之日，在北京首都体育馆，国际奥委会主席萨马兰奇代表国际奥委会为中国奥委会主席、北京体育学院院长钟师统颁发了“奥林匹克银质勋章”（图 33），这是继荣高棠之后第二位获此殊荣的中国人。国际奥委会充分肯定了钟师统在中国体育事业及在中国传播和发展奥

图 33 国际奥委会主席萨马兰奇代表国际奥委会为中国奥委会主席、北京体育学院院长钟师统颁发“奥林匹克银质勋章”

林匹克精神所做的重要贡献。钟师统从 1953 年至 1982 年一直担任中国最高体育学府——北京体育学院的院长，近 30 年的时间里，他见证了学校从成立到发展，也见证了新中国体育的迅速崛起。可以说，钟师统不仅是新中国高等体育教育的开拓者，也是一位新中国的体育外交家。正是他在 1979 年 11 月 27 日的中外记者招待会上向全世界宣布了中国奥林匹克委员会重新回归国际奥林匹克委员会大家庭。

1983 年，在北京体育学院 30 周年校庆之际，国家体委向学校颁发了体育运动荣誉奖章和奖状。国家体委在颁发决定中写道：“北京体育学院建校 30 年来，认真贯彻执行党的教育方针，培养了大批体育人才；在开展体育科学研究、提高学术水平、加强国际体育交往、增进友谊等方面发挥了积极作用；在努力搞好教学的同时，运动训练也获得了较好的成绩。为表彰北京体育学院对发展我国体育事业做出的贡献，特授予体育运动荣誉奖章和奖状。”①

这一嘉奖是对学校 30 年的发展做出的客观评价，也是对同年退居二线的钟师统院长所做贡献的充分肯定。1953—1983 年，正是在以钟师统为首的院领导班子的带领下，学校才取得了如此的成就。颁发决定中特意写到学校在加强国际体育交往、增进友谊等方面发挥了积极的作用。30 年来，钟师统院长高度重视学校在

① 《北京体育大学校史》编委会．北京体育大学校史：1953—2003［M］．北京：北京体育大学出版社，2003：93.

体育对外交往中的作用，他常对学校师生说，“我们一定要对自己有严格的要求，因为我院是对外开放单位，外宾常常把我院看作是‘中国体育的橱窗’，意思就是从我院可以反映我国体育运动的技术水平和科研水平”①。

钟师统从一位自称不懂体育的门外汉，经过30余年的历练，成了一位享誉海内外的体育教育家、体育外交家，奥林匹克银质勋章获得者，可以说他的人生经历与北京体育学院的发展息息相关。

钟师统在工作中高度重视北京体育学院的对外交往工作，致力于将学校打造成一个闪亮的“中国体育橱窗”。钟师统不仅多次接待国家元首级别的外宾来访，还多次率团出访国外。1958年4—7月，钟师统率中国体育考察团赴民主德国莱比锡体育学院（图34）、苏联莫斯科体育学院和列宁格勒体育学院（图35）考察；1964年10月，中国体育代表团在访问越南民主共和国期间，钟师统率北京体育学院考察团访问越南体育大学，并在越南体育大学种下一棵友谊树，随后北京体育学院向越南派出了援外专家小组。历史总是如此的巧合，20世纪70年代末中越关系降入冰点，甚至爆发了边境冲突。直到1990年，越南政府副总理武元甲出席北京亚运会开幕式，中越关系才开始朝着正常化的方向发展。而北京亚运会的申办，

图34　钟师统（左四）率中国体育考察团赴民主德国莱比锡体育学院考察

① 钟师统．北京体育学院办学的指导思想和任务［J］．北京体育学院学报，1978（1）：7－8.

图35　钟师统(中间持花者)步出列宁格勒火车站，
受到列宁格勒体育学院负责人和中国留学生的热烈欢迎

正是时任中国奥委会主席钟师统最重要的工作。1990年北京亚运会的举办成了中越关系走向正常化的转折点，从钟师统26年前在越南体育大学种下的友谊之树到1990年北京亚运会举办，他见证并经历了中越关系的曲折发展。担任中国奥委会主席后，钟师统出席1984年洛杉矶奥运会并多次率团出访其他国家，全面展示了改革开放初期我国体育事业的风采和国家形象。

改革开放初期，是中国体育开始全面走向世界的重要时刻。钟师统敏锐地观察到，积极开展国际体育与校际交流活动是提高学校办学质量、加快发展我国体育事业的重要途径。

钟师统，作为一位享誉海内外的体育教育家、体育外交家，奥林匹克银质勋章获得者，不仅书写了中国高等体育教育的历史，也见证和参与了中国体育外交波澜壮阔的发展史。

4.3　北京体育大学与国际体育组织驻华机构RDC·北京

争取在国际体育组织的话语权是我国体育外交工作的任务之一。我国在国际体育组织中任职，尤其是领导岗位任职人数的多少，以及国际体育组织在中国设置常驻机构的多少是我国在国际体育组织中争取话语权的决定因素。20 世纪 90 年代初，北京体育大学推动国际最具影响力的体育组织——国际田径联合会（以下简称“国际田联”）之一在学校建立国际田径联合会地区发展中心·北京（International Association of Athletics Federations Regional Development Centre·Beijing，缩写为 IAAF RDC·Beijing，以下简称“RDC·北京”），旨在为中国体育界与国际体育组织的深度交往搭建桥梁。

1994 年，经国家体委批准，RDC·北京在北京体育大学成立。RDC·北京是国际体育组织在我国为数不多的常驻机构之一，具体负责日本、蒙古国、韩国、朝鲜、中国、老挝、越南等国家和地区的田径发展事务。作为国际田联在全世界 9 个地区的发展中心之一，国际田联把 RDC·北京设立在学校，充分印证了国际体育界对学校综合实力的肯定，进一步提高了学校在中国体育外交领域的地位。RDC·北京围绕国际田联和学校的发展战略，积极开展工作，目前已成了中国田径对外友好交流的重要窗口，成了中国田径界重要的外交平台。

图 36　1995 年 4 月 29 日，我校授予国际田联主席内比奥罗名誉博士学位

学校一贯重视与国际体育组织之间的交流与合作，为 RDC·北京的工作提供了软硬件方面的充分保障。国际田联的前两任主席内比奥罗和拉明·迪亚克被先后授予了北京体育大学的名誉博士学位（图 36、图 37）。国际田联十分赞赏学校的教学、科研、训练条件和师资力量，并重视与学校的全面合作。2005 年，经国家体育总局批准，国际田联在学校设立了“国际田径学院”；2009 年，经国家体育总局批准，国际田联把其在亚洲唯一的高水平训练中心设在了北京体育大学；2003—2013 年，国际田联先后聘请北京体育大学的钟秉枢、孙南、胡扬、张英波等 14 位教师为专家，代表国际田联在境内外进行了不同内容的授课[①]。

① 《北京体育大学校史》编委会．北京体育大学校史：2002—2013［M］．北京：北京体育大学出版社，2013：163.

图 37　2006 年 8 月 16 日,我校授予国际田联主席拉明·迪亚克名誉博士学位

2015 年 8 月，作为仅次于奥运会和足球世界杯的第三大国际体育赛事——世界田径锦标赛在北京举行。借世界田径锦标赛这一体育外交盛会的举行，北京体育大学与 RDC·北京的合作迎来了新的发展契机，北京体育大学在国际化进程中与国际体育组织的深入沟通与交流得到了进一步的加强。

4.4　北京体育大学与民族传统体育的国际传播与推广

武术是中国最具代表性的民族传统体育项目，一直是中国体育乃至中国精神、中国文化的象征。早在 1936 年德国柏林奥运会上，中国代表团国术队就把武术带向国际舞台。以张文广（图 38）为代表的中国武术运动员以娴熟、精湛的技艺赢得了国外观众的认可，展示了中华武术的独特魅力。张文广在中央体育学院成立之初就来到学校工作，是新中国武术教育事业的开拓者、奠基人之一。

图 38　1936 年中央国术馆组织的南洋旅行团中武术、篮球队队员合影（中排右二为张文广）

20 世纪六七十年代，北京体育学院的武术表演是外宾来校参观时必看的节目之一。其中，根据毛泽东诗词《蝶恋花》创作的拳套表演更是每次演出的压轴节目，拳伴歌的表演形式让许多外宾眼前一亮。其表演者之一门惠丰在《武术学科创始人——张文广教授》一文中回忆道，“当国家元首来校参观体育表演时，我们总是将由学校张文广老师根据毛主席诗词《蝶恋花》创编的拳术表演作为压轴节目，有 5 个人表演，我在中间，由顾有义老师吹着清脆悦耳的横笛；一名女同学响亮动听的歌声伴随我们刚柔相济的动作、翩翩起舞的“武”姿，博得满场喝彩。表演结束后，周恩来总理、贺龙元帅陪同外国元首与我们一一握手。那时全院甚至全国都知道北京体育学院有套“蝶恋花”拳。1999 年我被派往越南担任国家队太极拳教练，当到海湾乘船游玩时，越南体委主任黄永江唱起了毛主席诗词歌曲《蝶恋花》，在船上他唱我舞，整船游客为我们鼓掌叫好”①。

20 世纪 70 年代末，来北京体育学院进行太极拳交流的日本友人日益增多。1978 年 11 月 16 日，时任中共中央副主席的邓小平在接见来华进行太极拳交流的日本友人时欣然挥毫，写下“太极拳好”。邓小平的题词给予太极拳充分的肯定，

① 门惠丰．武术学科创始人：张文广教授［M］//熊西北．情系北体．北京：北京体育大学出版社，2003：70.

也是在号召和鼓励各界人民群众积极习练太极拳。这给太极拳带来了新的生机，标志着我国的传统武术在历经“文革”之后，经过风雨的洗礼，进入了蓬勃发展的新阶段。

进入20世纪80年代，国家开始将武术的全球推广提上日程。1982年，国家体委提出了“要积极稳步地把武术推向世界”的口号。随着中国体育逐步走向世界，中国武术在世界范围内得到了进一步的推广与普及。尤其伴随着一系列有关武术的影视作品在全球的热播，中国武术热开始席卷全球。在这一历史契机下，北京体育大学抓住机遇，打造民族传统体育的外交名片，重点发挥武术的文化交流作用，尤其是学校张广德教授的科研成果——导引养生功。张广德于1955年考入北京体育学院，师从我国武术教育家张文广教授，是新中国培养的第一代武术研究生，毕业后留校工作。图39为张广德指导留学生。张广德于1974年创编了益气养肺功。之后，在益气养肺功的基础上，他以人体神经、循环、呼吸、消化、生殖、泌尿、内分泌、运动八大系统发病的病因、病理为依据，以中医的整体观念、辨证施治为精髓，广泛吸收中医学、西医学、生理学、解剖学、哲学、心理学、教育学、美学、音乐及武术传统文化等有关内容，先后创编了导引养生功体系45套、养生太极体系13套和5分钟养生处方34套，共92部专著，并译成了英、法、德、意、日、韩六国文字向世界推广①。

全日本太极拳协会于1988年开始引进导引养生功，并仅用4年的时间就在日本全国发展了40多个教学点，培养了20多名教练员，吸收了3万多名长期学员和数千名短期学员，学员年龄在16~88岁之间。这项活动巩固、提高了全日本太极拳协会在日本国内的声誉，引起了日本其他民间武术团体的极大兴趣，促进了导引养生功在日本的普及。为弘扬中华民族传统体育文化，学校举行了一系列的武术文化交流活动，并于1993年2月举行了有日本、德国、韩国、意大利等国参加的第一届东方健身术国际研讨会。这些活动和研讨会不仅系统地向国外介绍了学校在继承与发展中华民族传统体育方面的教学和科研成果，为推动中国武术、导引养生功等民族传统体育更快地走向世界做出了贡献；而且也扩大了学校的对外影响，提高了学校的国际声誉，加强了各国武术爱好者和运动员之间的相互了解。

---

① 张广德．不争春荣　笑迎秋霜［M］//王芬，程建平．北体情怀．北京：北京体育大学出版社，2013：111－114.

图 40 为北京体育大学与日本的体育协会友好交流协议续签仪式现场。

图 39　张广德指导留学生

图 40　北京体育大学与日本的体育协会友好交流协议续签仪式

这一时期，学校在日本、新加坡、德国、法国、挪威、西班牙等国家举办训练班，培训武术、导引养生功教师，并指导当地的学生进行训练。学校连续并成功地举办了国际武术比赛表演大会、国际导引养生功比赛表演大会，每一届均有数百名各国武术、导引养生功爱好者前来参加比赛和表演。截至2013年，这两项比赛已经举办了11届，为弘扬中华民族传统体育文化做出了贡献。每年暑假，学校举办的国际武术培训班，有许多国际友人自费前来参加培训。这一时期参加武术、导引养生功比赛表演大会和参加培训的人数超过8000人次，派出辅导武术和导引养生功的教师达179人次①。这些具有民族特色的活动突出了北京体育大学的特点，对武术和导引养生功在全世界的宣传和推广起到了积极的作用。

这一时期，武术、导引养生功成了中国体育的重要名片。北京体育大学为宣传中华民族传统体育文化，增强中国体育文化软实力，推动武术、导引养生功等民族传统体育更快地走向世界做出了积极的贡献。

4.5 北京体育大学与体育运动项目的引进和发展

体育运动项目的引进，不仅对我国竞技体育项目的丰富和发展有着重要的意义，而且对我国与引进国之间的沟通与了解起到了促进作用。北京体育大学就是在中韩尚未建交的历史背景下引进跆拳道项目的，这一典型案例显示了体育运动项目的引进在体育对外交往工作中的重要作用。

北京体育大学一直把引进和发展体育运动项目作为自己的职责，许多运动项目都是北京体育大学引进，并在北京体育大学得到进一步发展的。例如，6人制排球、曲棍球、跆拳道、地掷球、门球、软式网球、艺术体操、空手道等项目。

在2000年悉尼奥运会上，北京体育大学学生陈中获得女子跆拳道67公斤级冠军，这是中国高等学校培养的第一位跆拳道奥运冠军，也是北京体育大学的光荣。北京体育大学引进跆拳道项目的过程也伴随着中韩两国关系发展的历程。

1988年，美国跆拳道联合会道场开发委员会委员——韩裔美籍人士金圣根先生来华访问，拜会了时任北京体育学院院长的杨福鹿，为了推广发源于韩国的跆拳道，金圣根提出要把跆拳道介绍进北京体育学院。当时国家体委得到消息，跆拳道即将成为2000年奥运会和亚运会等重大国际体育比赛的正式项目。虽然当时

① 《北京体育大学校史》编委会．北京体育大学校史：1953—2003［M］．北京：北京体育大学出版社，2003：262－263.

中国与韩国还没有建立外交关系，但是国家体委还是同意了北京体育学院引进跆拳道项目，并批准了北京体育学院聘请外国跆拳道教练的请示。世界跆拳道联盟于 1989 年 5 月派李大成教练来北京体育学院进行教学，这是外国专家首次来华指导跆拳道训练。当年国家挑选了一批青年教师参加培训，现在大部分教师已成为国家跆拳道队的中坚力量。同时，北京体育学院也从全国各运动项目中挑选了一批运动员，开始进行跆拳道训练。

在学校开展跆拳道教学与训练的过程中，金圣根先生在其中穿针引线，推荐优秀教练，并以世界跆拳道联盟的名义向学校捐赠了大量训练器材和服装。陈中在 2000 年悉尼奥运会获得金牌后，金季春校长迅即致电金圣根先生，向他多年来的支持表示感谢。

此后，在学校领导的大力支持下，学校陆续聘请多名来自美国、韩国的跆拳道教练来校指导训练。1994 年，经国家外专局批准，世界跆拳道联盟派遣韩国龙仁大学教授、世界跆拳道联盟技术委员会教学部主任杨镇芳博士来校工作一年。当时，为了更好地开展这个项目，学校积极支持杨镇芳先生的工作。杨镇芳先生高度的敬业精神和高超的教学水平，使学校跆拳道队学生的技术水平在短期内突飞猛进，为跆拳道这一运动项目在中国的发展奠定了良好的基础。1996 年，因杨镇芳先生为跆拳道事业做出的突出贡献，获得了国家外专局颁发的国家对外国专家的最高嘉奖——中国政府友谊奖。

1996 年以后，学校还通过与韩国体育大学的校际关系，多次邀请跆拳道指导教授李胜国及其助手以专家身份来校进行短期指导训练。李胜国教授担任韩国体育大学校长期间，还亲自带领自己的学生来到中国，帮助中国跆拳道队备战 2004 年和 2008 年奥运会。在 2004 年雅典奥运会上，陈中（北京体育大学学生）和罗薇双双夺冠。

北京体育大学在跆拳道项目上具有引领作用，中国国家跆拳道队常驻北京体育大学国家队训练基地，而跆拳道项目目前也已经成了中国的优势运动项目和中韩两国进行体育交流的一种重要手段。

4.6　关于北京体育大学引进体育运动项目的口述历史回忆

4.6.1　黄美林回忆

可以说北京体育学院是中国艺术体操发展的源头。

20世纪50年代，“艺术体操”一词由苏联传入中国，一直延用至今。新中国成立初期，全国掀起“向苏联学习”的热潮，1954年学校先后聘请了10位苏联专家来校任教，为学校培养了8个学科的专业研究生，并对学校各方面的工作进行指导。专家组组长是体育理论专家凯里舍夫的夫人凯里舍娃，其是苏联列宁格勒体育学院的艺术体操教师。图41为苏联艺术体操专家凯里舍娃在指导我校学生训练的场景。我们主要学习了艺术体操的徒手基本动作，还学习了跳绳和纱巾等轻器械项目基本动作。学员主要从北京体育学院的1953级、1954级专科学生中通过考试选拔，另外还有部分中专体操专业的学生。此外，成都体育学院、上海体育学院也有舞蹈老师来观摩学习。学员总共有30人左右，分为两个班上课，毕业后被分配到沈阳体育学院、西安体育学院、成都体育学院、上海体育学院和其他高等院校任教，至此各大体育学院也纷纷开设了艺术体操课。我国艺术体操由北京体育学院从苏联引进，其为艺术体操在中国的传播和发展起到了引领作用。

图41　苏联艺术体操专家凯里舍娃指导我校学生训练

20 世纪 50 年代的中国，全国体操比赛和全国体育学院体操比赛都设立了轻器械团体操项目。比赛器械任选，可谓五花八门，有纱巾、彩带、绳、球、圈、藤鞭、绣球、扇子等。除钢琴外，音乐伴奏还有二胡或民乐合奏。在服装上，除穿各式体操服外，还穿绣花边的长款衣裤及绣花鞋，把舞台上的舞蹈艺术搬上了地毯。

当时，北京体育学院的体操技术水平在中国处于比较领先的地位，在轻器械团体操比赛中成绩一直名列前茅。在 1956 年全国体操比赛和 1957 年全国六大体育学院体操比赛中，北京体育学院女队均获得女子体操团体冠军和轻器械团体操冠军。由此可见，50 年代中国在女子体操和轻器械团体操方面取得的成绩，也算是北京体育学院在艺术体操方面取得的成绩。

艺术体操与其他各行各业一样受到“文革”的影响处于停滞状态。

1978 年是转折年，伴随着改革开放，中国恢复了在国际体操联合会的合法席位。国家为了填补艺术体操项目的空白，先后邀请了加拿大现代体操访华团和朝鲜艺术体操代表团来华表演，并组织了学习班。国家本想成立艺术体操国家集训队，后因“调整、巩固、充实、提高”的八字方针取消了这个计划，后来决定在全国各体育学院中开展艺术体操项目。

学校领导先从体操教研室物色了教师，并明确表示，随着中国在联合国合法席位的恢复，中国也恢复了在国际体操联合会的合法席位，包括体操在内的不少运动项目国际交流频繁，但我国艺术体操在国际上的交流尚属空白，作为培养人才的地方，北京体育学院应该承担这项任务，为我国艺术体操项目的发展做出贡献。于是我们忍痛割舍热爱的竞技体操，欣然接受了这项新兴的运动——艺术体操。在院领导，尤其是赵斌副院长的指导关心下，在艺术体操教学组全体老师，包括伴奏老师的共同努力下，在电教科、编译室及教学设备科的协同配合下，北京体育学院第一代艺术体操人在一穷二白、一无所知、闭锁了 10 年的情况下，一步一个脚印地走上了艰苦创业的道路。

1978 年，学校先从体育系 1977 级体操专业中选拔学生，成立了艺术体操专选班。从 1979 年开始，学校从 1979 级运动系和 1979 级大专体操专业中选拔学生，成立了艺术体操专选班，并从中我们又选出了院艺术体操代表队。当时我们参考了体操运动员的选材条件，结合艺术体操的需要，制定了几项测试内容，包括长相仪表、身材比例、身体素质、腰腿基本功，随音乐模仿老师的组合动作，还有对绳、球的器械感及口试等，邀请体操教研室的全体女老师当场评分。这支队伍就是 20 世纪 80 年代初期参加全国性艺术体操比赛，学习了代表中国队参加包括国际邀请赛、四大洲锦标赛及世界锦标赛等世界性大赛的北京体育学院艺术体操代表队的前身。她们毕业后被分配到全国各地各院校，成为我国开展这项新兴运动的骨干教师。

1979 年初，国家体委组织了一个考察团，去朝鲜平壤参观在那里举行的朝鲜平壤艺术体操国际邀请赛，代表团成员中有我院两名艺术体操老师、一名艺术体操专业的学生，还有我院新成立的电教中心的老师。我们在平壤第一次欣赏了真正的竞技艺术体操比赛，学习了如何组织艺术体操比赛，并带回了比赛的录像资料，这些成为我们日后学习和开展艺术体操项目的宝贵资料。

1979 年 10 月，学校邀请了加拿大艺术体育代表团教练多林钟来我院为专选班讲学 3 个月。她为我们讲授艺术体操的新技术、新编排，还传授了现代爵士舞的基本动作，这为北京体育学院艺术体操的发展和中国艺术体操走向世界舞台打下了基础（图 42）。多林钟是加拿大华裔，中国话讲得很好。她曾是加拿大艺术体操国家队队员，参加过世界艺术体操锦标赛。她通过 3 个月的教学让我们开阔了眼界，促进了我国竞技艺术体操的发展，为我国艺术体操走上国际舞台缩短了时间。她

图 42　学校邀请加拿大艺术体操专家多林钟（后排左六）授课

不仅介绍了竞技艺术体操的发展现状，教授了绳、圈、球、棒、带的基本技术及现代爵士舞，还帮我们编排了绳、圈、球、带的个人自选动作和多套徒手集体操，以及持球和双宽彩带等综合艺术体操集体表演节目。她采用时尚的、节奏强烈的现代流行音乐来编排这些集体项目，这在中国改革开放初期是非常新鲜的，一时间轰动了整个京城，那时的文艺界、舞蹈界还没有这么开放，所以吸引了不少业界人士前来观摩多林钟的课，中国舞蹈协会主席贾作光也前来观看。在那时，我们经常与文艺界歌手谢莉斯、成方圆等人在首都体育馆同场演出。我们设计了款式新颖的体操服和连体的大喇叭裤表演服，使音乐、动作和服装和谐统一，以达到更完美的宣传表演效果，更具有新时代文化的气息，我们的表演在当时的社会产生了一定的影响。

多林钟教练回国前还给我们留下了她带来的上课用的录音机，当时在国内很少有这么大的录音机。她还送给我们好几套漂亮的艺术体操比赛服和一些国际比赛用的标准器械，如彩带、球、火棒和艺术体操半截鞋等，为我们之后生产这些实物提供了参考。

多林钟教练丰富的教学经验和富有创造性的编排能力，以及无私援助的国际主义精神，给我们留下了深刻的印象。在30多年后的今天，我们依然不会忘记这位远隔万里的加拿大朋友。

20世纪80年代初期，北京体育学院代表队多次参加全国性比赛和世界性大赛。在1980—1982年举行的全国性艺术体操比赛中，北京体育学院代表队囊括了团体项目冠军，个人全能项目和四个单项的冠亚军。

1981年10月，北京体育学院代表队经过选拔组成了中国艺术体育代表团，首次参加了在德国慕尼黑举行的第十届世界艺术体操锦标赛（图43），团体项目共有35个国家参加，我国获得第16名；个人项目共有85名运动员参加，我国最好的个人名次是第24名，从领队、教练、伴奏到所有运动员全部是北京体育学院的成员，这无论是在中国还是在北京体育学院都是首次。中国首次在国际舞台上亮相，便引起同行的关注并获得好评。

1982年12月，北京体育学院艺术体育代表团首次参加了在新西兰奥克兰举行的第三届四大洲艺术体操锦标赛，团体项目获得亚军，五星红旗第一次在国际艺术体操舞台上冉冉升起。图44展示的是20世纪80年代的我校艺术体操队。

图43　中国艺术体育代表团首次参加世界艺术体操锦标赛

图44　20世纪80年代的我校艺术体操队

1983年6月，为了备战第十一届世界艺术体操锦标赛，国家体委在首届全国艺术体操锦标赛上，采用投票的方式，选出了参加世界艺术体操锦标赛团体项目的8名年轻的运动员和团体项目的教练员，组成了国家集训队，并在北京开始集训；9 月在上海全运会上选出了参加个人项目的国家队队员。

1983 年 11 月中国艺术体育代表团参加了在法国斯特拉斯堡举行的第十一届世界艺术体操锦标赛，即奥运会的资格选拔赛。参加这次锦标赛的成员，除团体项目成员是从各省市运动员中选出外，领队、总教练、伴奏、团体项目教练及个人项目的运动员全部都是我院的师生。在这次锦标赛上，中国艺术体育代表团团体项目获得第 8 名，首次进入八强行列，达到了世界水平。参加个人项目的 2 名运动员拿到了我国参加 1984 年奥运会的两张入场券。

4.6.2 侯正庆回忆

说到曲棍球就必须提到巴基斯坦，我国跟巴基斯坦的关系非常亲密，对其帮助也很大。1974 年全运会时，巴基斯坦派了一个代表团，带了一大捆曲棍球棍，还带了其他各种装备来到了中国。巴基斯坦方面说，我们可以每年派一名教练到中国来帮助你们把曲棍球运动发展起来。但当时“文革”还没有结束，因为一些客观原因，所以不好直接答应。中华全国体育总会提出，我们可以派人到巴基斯坦考察一下曲棍球在中国是否适合开展、有没有条件开展。因此，1975 年 10 月，国家体委就派 4 个人去了巴基斯坦进行考察，我们学校派了 2 人（我和宋邦鑫），上海体育学院派了 1 人，内蒙古自治区派了 1 人。

我们准备在巴基斯坦考察一个月。刚到巴基斯坦时，接待的人看到我们就说，你们怎么才来了 4 个人，起码也得十几二十个人啊！而且你们只待一个月的时间，太短了。巴基斯坦曲棍球队曾获得过世界冠军，如果教出来的学生不成样子，那怎么能行呢？所以他们要求我们必须要学习半年，最少也得学习 3 个月。于是，我们就向大使馆请示，大使回复我们说，你们既然来了就把技术学到手，先学习 3 个月吧。就这样，我们从 10 月开始在巴基斯坦学习了 3 个月，到第二年的 1 月初才回国。

回国后，我们就向国家体委汇报了在巴基斯坦学习的情况。国家体委领导决定在北京体育学院、上海体育学院和内蒙古自治区莫力达瓦达斡尔族自治旗（以下简称“莫旗”）开展试点，分别组建曲棍球队。当时我们决定在清河街道范围内的初一学生选拔队员训练。我们那时的想法是先训练 3 年，如果国家体委还要继续开展这项运动，我们就继续训练；如果不开展了，我们就解散训练队，这样也不耽误孩子们的学习。上海体育学院从大学生中选拔队员，组建了一支曲棍球队，但这支队伍在其队员大学毕业就解散了，所以没有发展起来。莫旗过去有一种类似曲棍球的运动，所以，他们将曲棍球运动发展起来了，后来北京体育学院也开展了这项运动。那时每年我们去一次莫旗，他们来一次我们学校，双方通过比赛互相交流、互相学习，这样持续了两三年的时间。1978 年亚运会前，国家体委领导来我们学校考察，正好看到我们两个队在进行曲棍球比赛，觉得这个项目挺有意思。由于亚运会有曲棍球比赛，所以国家体委领导就让我们继续开展此项目。

当时国家体委领导让我们备战亚运会，我说我们没有什么比赛经验，事先需要集训一下。集训的时候北京体育学院一个队，莫旗一个队，我建议再加一个冰球队。我们当时准备把哈尔滨冰球队拉过来，因为他们有比赛经验，但哈尔滨冰球队没来，最后把齐齐哈尔冰球队拉过来了，这样我们 3 支队伍一块集训，从中挑选优秀队员组建了一支青年队。正好在准备过程中巴基斯坦青年队来访，我们的青年队就跟巴基斯坦青年队一块进行比赛。比赛地点从北京到哈尔滨，到青岛，再到上海，共打了 9 场比赛，我们全部输了。国家体委领导看到这种情况，就说这次亚运会我们还不能去参加，因为水平还很差，正式比赛会输得很惨。

这是早期学校引进曲棍球项目的情况，后来我国的曲棍球项目发展得还不错，在亚洲范围内取得了一些成绩，也参加了世界级的比赛。曲棍球项目在我们学校能够得到很好的发展，我觉得离不开领导的重视。当时赵斌副院长是管理教学和训练的，他非常重视这个项目。在集训过程中，为我们创造好的训练条件，还请国家体委主任李梦华来观摩。

另外，我们学校还有两位老师为曲棍球在我国的发展做出了很大的贡献。一位是宋邦鑫老师，当初他和我一起去巴基斯坦学习，后来他也是一直主抓曲棍球项目。还有一位是孙成敏老师，他最早是做英文翻译工作的，因为我们需要曲棍球的材料，他就把曲棍球的规则翻译成中文，后来逐渐成了曲棍球技术方面的专家，国际曲棍球联合会认定他为技术代表。技术代表的权力很大，在比赛中他组织安排裁判员的工作，裁判员和比赛遇到问题全都由他来解决。孙老师后来成了曲棍球项目的权威。所以在引进并发展曲棍球运动方面，北京体育学院做出了很大的贡献。

4.7 小　结

改革开放初期，北京体育学院在体育对外交往中发挥了先遣队的作用，在官方交往之前率先同欧美体育发达国家展开了体育交流。1980 年，北京体育学院与美国纽约州立大学科特兰分校签署了友好校际关系协议。1981 年，北京体育学院与美国春田学院、德国科隆体育大学建立了友好校际关系。随后，学校又与国际多所知名院校建立了校际关系。

在以竞技体育交流为主要融入方式的体育对外交往时期，北京体育学院利用学校无大型赛事金牌压力的优势，承担起了引进、孵化体育运动项目的责任，起到丰富和发展我国竞技体育项目、增进与引进国沟通与了解的作用，开创了一种新的体育外交方式。在中韩尚未建交的历史背景下学校引进跆拳道项目，这一典型案例显示了体育运动项目的引进在体育对外交往中的重要地位。

这一时期，北京体育学院始终坚持在体育对外交流中弘扬中华传统文化，并致力于打造中国传统武术这一体育外交名片。学校积极推动了中国武术、导引养生功等中华民族传统体育更快地走向世界，积极对外推广中华民族传统体育文化，以增强中国体育文化软实力，提升中华民族传统体育文化在世界的影响力。

这一时期，我国与国际体育组织的接触日益增多，争取在国际体育组织的话语权是体育外交的主要工作之一。20 世纪 90 年代初，北京体育学院推动最具影响力的国际体育组织之一的国际田联在学校设立常驻机构——RDC·北京，这是国际体育组织在我国为数不多的常驻机构之一，为我国与国际田联的交流与沟通、促进我国田径事业的发展起到了重要作用。

北京体育学院经过 30 年的发展，进一步提高了中国体育国际化的水平，国家体委在体育运动荣誉奖章和奖状的颁发决定中给予了高度评价，“北京体育学院建校 30 年来，认真贯彻执行党的教育方针，培养了大批体育人才；在开展体育科学研究、提高学术水平、加强国际体育交往、增进友谊等方面发挥了积极作用；在努力搞好教学的同时，运动训练也获得了较好的成绩。为表彰北京体育学院对发展我国体育事业做出的贡献，特授予体育运动荣誉奖章和奖状。”[1]

钟师统在担任学校领导期间非常重视学校在体育外交方面的工作。1979年11月27日，时任中国奥委会主席的他，向全世界宣布了中国奥林匹克委员会重新回归国际奥林匹克委员会大家庭，并积极倡导北京申办1990年亚运会。1984年，为了表彰钟师统在发展体育事业、促进国际体育交流与合作，以及传播奥林匹克精神等方面做出的积极贡献，国际奥委会主席萨马兰奇代表国际奥委会为其颁发了“奥林匹克银质勋章”。钟师统——这位与北京体育学院共同成长的新中国体育外交家，可以说是学校对中国体育事业及体育国际化事业的一大贡献。

---

① 《北京体育大学校史》编委会. 北京体育大学校史：1953—2003［M］. 北京：北京体育大学出版社，2003：93.

5　21 世纪初至今的国际化

5.1　北京体育大学与北京奥运会

奥运会发展至今，早已不是一个简单的体育盛会，它成了举办国家及城市进行文化交流、对外宣传的一个重要途径。北京奥运会就是一个充分利用国际性体育平台进行体育对外交往的成功案例，它清晰地对外展现了理想的中国国家形象，有力地推动了中外交流。北京奥运会举办期间，国外媒体纷纷发表文章和报道，高度评价中国成功举办 2008 年北京奥运会，并对中国改革开放以来取得的成就表示赞叹。美国《洛杉矶时报》2008 年 8 月 3 日在头版刊登题为《感觉今非昔比》的文章，对北京几十年间发生的巨大变化表示惊叹，认为全世界的目光都集中在中国所取得的辉煌成就上，中国过去的面貌已渐渐淡出人们的视线。还有媒体发表文章说，中国政府和人民为北京奥运会的成功举办做了精心准备，北京奥运会必将弘扬奥林匹克精神，彰显中国风采，以其辉煌的成就载入体育史册。有研究对 2008 年 8 月 9 日世界上 50 种主要报纸发表的文章进行分析发现，67% 的报纸以奥运会开幕式作为头版图片，而其中又有 75% 的报纸选择了体现中国特色和奥运文化精神的图片。总之，北京奥运会是一次典型的全民参与、多层次多主体的体育外交活动，为世界展现了古老文明与现代国家相结合的日新月异的国家形象①。

作为中国体育的最高学府，北京体育大学与奥运会有着天然的联系。1952 年新中国第一次参加奥运会就促进了中央体育学院的建立。之后，中央体育学院第一任院长钟师统担任了中国奥委会主席，并向全世界宣布中国奥林匹克委员会重新回归国际奥林匹克委员会大家庭。除此之外，学校还培养了一大批奥运冠军。

---

① 文君. 公共外交与人文交流案例：第 1 辑［M］. 北京：世界知识出版社，2013：232.

2008年奥运会来到北京，北京体育大学积极参与到这一体育外交盛会之中，在服务与备战奥运中全面提升了学校在我国体育对外交往领域的地位。

北京体育大学坚持“以奥运促发展，以发展助奥运”的理念，全面备战与服务奥运会，为北京奥运会、残奥会的成功举办做出了重要贡献。学校共有24个基层单位（部门）和271人获得中共中央、国务院、国家体育总局、北京奥组委等上级有关部门的表彰。2008年9月29日，在北京奥运会、残奥会总结表彰大会上，学校被中共中央、国务院授予“北京奥运会、残奥会先进集体”荣誉称号①。北京体育大学服务和备战2008年北京奥运会工作主要体现在以下七个方面。

5.1.1　场馆设施建设方面

为了给进入北京体育大学训练的国家田径队、跆拳道队、艺术体育代表团、蹦床队、现代五项队、马术队等提供全方位的保障和一流的服务，2004年，经国务院常务办公会批准，同意国家体育总局在北京体育大学建立国家队训练基地，其总建筑面积达7.48万平方米，总投资额约8.28亿元。基地项目分别为：田径训练中心·综合训练馆，运动员公寓，辅助训练馆，教练员、裁判员教育楼，运动员体能训练与身体机能恢复研究中心，全部项目主体工程于2006年4月28日正式动工，2007年10月初竣工。其中，田径训练中心·综合训练馆（不含绿化带）建筑面积达2.07万平方米，主要用于田径、艺术体操、跆拳道、蹦床等项目的训练。其主要特色体现在以下三个方面：（1）拥有国内第一个木质基底200米环形塑胶跑道（6条），有9条180米直道，用于110米栏等项目的训练。（2）功能齐全，内部分为技战术训练区、力量训练区、康复理疗区、工作用房。其中，力量训练区面积达1500平方米，康复理疗区面积达960平方米。（3）亚洲最大的融田赛、径赛场地为一体的训练馆。（图45）

① 《北京体育大学校史》编委会．北京体育大学校史：2002—2013［M］．北京：北京体育大学出版社，2013：105－107.

图 45　2007 年 9 月 21 日在建的国家队训练基地田径训练中心·综合训练馆

同时，北京体育大学作为奥运训练场馆较为集中的单位，在奥运会比赛期间，有 7 个场馆作为奥运训练场馆，承担田径、足球、排球、艺术体操、现代五项等项目的训练和蹦床项目的测试赛任务。为了给国家队和各国体育代表团提供良好的训练条件和环境，学校还对现有场馆进行了维修和改造，对校园环境进行了绿化和美化。

5.1.2　竞技备战参赛方面

备战和参加 2008 年奥运会是时代赋予北京体育大学的光荣使命，也是检验学校竞技运动水平的重要标志。自 2001 年申奥成功以来，学校以备战和参加奥运会、为国争光为重要任务，大力加强训练工作，在训练和竞赛工作方面取得了优异的成绩。在北京奥运会前，学校共有 43 人次获得世界冠军（其中奥运冠军 9 人次），59 人次获得亚洲冠军，429 人次获得全国冠军。在 2004 年雅典奥运会上，学校运动员共获得 9 枚金牌（学生运动员获得 4 枚金牌）；在 2006 年多哈亚运会上，学校 29 名运动员参加了 13 个项目的角逐，获得了 15 金、5 银、5 铜的骄人成绩。

北京体育大学把 2007 年作为学校竞技备战的决战之年，把备战工作作为全校的大事、要事来抓。全面、深入、细致地开展了 2008 年竞技备战工作，把人、财、物和精力重点安排在确保特色优势项目和重点人员上，为备战的运动员和教练员在训练、生活、医疗、文化学习、科研工作等方面做好服务保障工作，千方百计为他们备战竞技比赛创造条件。同时，学校坚决贯彻国家体育总局“严令禁止、严格检查、严肃处理”的反兴奋剂工作方针，将反兴奋剂工作放在与备战训练工作同等重要的位置，以确保在北京奥运会上学校运动员不出现任何兴奋剂管理问题；将其作为学校一条铁的纪律，作为事关学校声誉、国家形象的大事抓紧抓实。

最终，北京体育大学有近百名师生作为运动员、教练员、科研人员和工作人员入选北京奥运会中国体育代表团，参加了举重、艺术体操、田径、跆拳道、摔跤、柔道、拳击、击剑、赛艇、皮划艇、乒乓球、体操等 10 多个项目的竞赛，荣获 14 枚金牌、6 枚银牌和 2 枚铜牌。

5.1.3　科技攻关和教材支持方面

北京体育大学坚持科研工作面向竞技体育、奥运备战和全民健身第一线。在服务奥运会中，学校把科研工作的着力点放在了奥运项目和夺金运动员的技术、心理、伤病治疗、体能恢复上；放在学校有所突破的重点项目上；放在能为备战奥运、能为运动队取得重大突破和对竞技体育整体进步产生重要作用的理论与实践研究上。这一时期，学校承担了 50 余项国家体育总局奥运攻关课题。为做好奥运科技攻关工作，学校还与国家体育总局游泳运动管理中心等联合建立了多个科研工作站；其中，国家皮划艇队训练基地为水上项目实现了奥运金牌零的突破。2007 年上半年，学校成立了教学实验中心和科学研究中心，主要为国家队各运动项目提供全方位的科技攻关与医疗服务，开展各学科的基础理论和应用研究。

此外，学校还组织专家编撰“第 29 届奥林匹克运动会竞赛项目通用知识读本丛书”、《北京奥运会场馆运行通用知识读本》、《北京奥运会工作人员知识读本》等奥运会用书几十本，并将奥运会项目培训与教学制成多张光盘。

5.1.4　专业人才支持方面

奥运会的举办关键靠人才，要靠一支能够熟悉和遵循国际惯例、讲求规范，代表中国体育专业水平的人才队伍。作为地处北京的全国体育最高学府，学校积极开展了北京奥运会所需人才培训工作，积极承担了培养体育事业所需的教练员、裁判员、科研人员、体育管理人员、大型赛事策划组织人员、医疗康复人员、体育外语外事人员、全民健身组织指导人员、体育传媒工作者的任务，培训总人数近2000人；此外，学校还积极承担培养高水平学生运动员和为优秀运动员提供高质量文化教育的任务，专门为高水平运动员开办了研究生冠军班；积极向奥组委推荐多人作为北京奥运培训顾问、奥运教育培训教师、奥运教育工作专家组成员，还有多名教师陆续被选调或借调到奥组委工作。这一时期，学校承担并完成了2000余名首都高校奥运会、残奥会骨干培训师的培训任务。从2001年起，学校在硕士研究生教育层面设置了残疾人体育研究方向。学校是国内唯一一所培养残疾人体育高级研究人员的院校。该专业学生跟随导师直接参与备战残奥会工作。

5.1.5 志愿者招募和培训方面

北京奥运会期间，志愿者自信的微笑成为北京乃至中国最好的名片，中国青年一代的朝气蓬勃与爱国热情尤其令外国观赛者动容。志愿者直接和各国来宾接触，他们待人热情、亲切、大方，服务周到，办事效率高，其出色的表现，展示了我们国家的良好形象。志愿者服务作为奥运会的“软件”之一，其质量高低直接关系着奥运会的成功与否。北京体育大学承担志愿者特别是体育赛事专业志愿者服务工作是义不容辞的责任。2007年1月11日，北京体育大学举办了奥运志愿者招募工作动员大会（图46）。2008年奥运会共需八类专业志愿者，而北京体育大学须提供其中的六类志愿者共3000多人，包括体育专业类志愿者、媒体运行类志愿者、医疗救护及兴奋剂检测类志愿者、贵宾陪同及语言服务类志愿者、体育展示及颁奖礼仪类志愿者和驾驶员志愿者，校内7个训练场馆还需要志愿者近百名。这些志愿者几乎包括了学校2005级、2006级本科和2006级研究生的所有学生。

奥运会志愿者是对学校学生志愿者专业素质和专业能力的一次检验。在培训模式上，学校采用岗位设置与专业相结合的模式，把志愿服务活动与增强教师和学生人文奥运观念、提高文明素养结合起来，与提高奥运志愿服务意识、服务水平结合起来，与学生全面发展、成长成才结合起来，充分调动了师生参与奥运、服务奥运的积极性和主动性，极大地提高学生志愿者的专业素质和专业能力，同时促进了学校相关学科专业的建设和发展。

图 46　2007 年 1 月 11 日，北京体育大学举办奥运志愿者招募工作动员大会

5.1.6　奥运文化传承方面

北京体育大学对奥运文化的传承起到了积极的推动作用，建立了北京体育大学 2008 奥运会文物陈列室、奥林匹克文献信息中心，先后派出多名师生帮助奥组委收集整理资料，着手开展了 2008 年奥运会相关资料、纪念品收集活动。学校通过实施这些举措及举办这些活动，进一步强化了师生对奥林匹克教育工作必要性和重要性的认识，突出了学校奥林匹克教育的优势和特色，增强了师生的国际意识和国际视野，提高了师生的国际交往能力；通过探索我国奥林匹克教育的特殊规律和实践模式，为奥运会留下了具有中国特色的教育遗产。此外，以藏族学生吉吉为代表的 30 余名师生成为北京奥运会火炬手，为弘扬奥林匹克精神做出了贡献。

同时，学校通过承担 2008 年奥运会筹备工作的各项任务，极大地提高了师生对奥林匹克运动、奥林匹克文化、奥运会知识的认识，更好地促进奥林匹克文化在学校的传承。学校借参与奥运会的契机，充分地吸纳奥林匹克知识，并将其转化为学校的教材，使学生能够快速接受新知识。

5.1.7　接待外国代表团训练方面

北京奥运会期间，北京体育大学为41个国家和地区的62支运动队提供了优质的赛时训练服务保障。学校专门建立了奥运之家——意大利奥委会训练营，承担意大利代表团的训练服务保障工作。作为欧洲体育强队，为了保证意大利队在北京奥运会上取得好成绩，意大利代表团对训练营的选择极其苛刻。北京奥运会前，意大利奥委会体育部主任罗伯托多次率考察团访问北京，最终在2008年6月确定将北京体育大学作为其训练营驻地。

5.2　北京体育大学与国际体育学术交往和国际人才引进

在奥林匹克运动快速发展的过程中，体育科学研究逐步得到了重视。全面加强国际体育学术交往是这一时期北京体育大学国际化的拓展性举措。国际体育学术交往已成为我国体育对外交往的平台，丰富了我国体育交流活动的内容。在国际体育学术交往中，来自不同国家、地区的人们聚集在一起参加相关体育学术会议或体育科研项目，这不仅起到了沟通与交流的作用，还起到了提高相关国家体育科研水平的作用。这一时期，北京体育大学主要通过举办高水平国际体育学术会议和实施引进国际人才的高等学校学科创新引智计划（以下简称“111计划”）在国际体育学术交往工作中发挥作用。

5.2.1　举办高水平国际体育学术会议

在国际体育学术交往方面，北京体育大学充分发挥办学特色和资源优势，积极组织、承办高水平国际体育学术会议，搭建国际体育学术交流平台。

2005年5月，学校成功承办了世界体育信息科学大会，这次会议是世界体育信息界最高层次、最具权威性的会议。共有32个国家和地区的300余名代表（国外代表92名）参加了会议。

2007年9月，学校成功承办了全球教练员大会。全球教练员大会是国际教练员教育委员会最高级别的会议，国际教练员教育委员会全体执委和全世界教练员教育委员会会员国的300多名世界著名教练、体育管理者、体育研究者参加了此次会议。会议以“运动成绩与教练员执教之道”为主题，开展学术交流活动。同时，学校还承办了世界高水平运动训练基地论坛，共接待了来自25个国家和地区的专家、学者近200名。

2010年7月，第九届华人运动生理与体适能学者学会年会在北京体育大学举行。这是全球华人体育科学的盛会，参加会议的有来自中国、美国、澳大利亚、法国、日本、韩国的专家、学者共130人。

2013年7月，代表运动心理学最高学术水平的第十三届世界运动心理学大会在北京体育大学举办，这是在中国首次召开的该领域规模最大、级别最高的国际会议。大会以“和谐生活，追求卓越”为主题，共有来自全球40个国家和地区的学术组织代表、心理学家、运动领域专家及世界杰出运动心理学工作者等500多人出席。

在对外学术交往中，学校还鼓励和支持师生参加国际会议、讲学和进行合作研究。2003—2013年，学校共有300余人次到国外参加各种科学研讨会、报告会，在大会上做主题报告、专题报告或墙报交流，其中高质量论文还被大会收录并获得奖励。例如，2003年10月11日，在第七届国际奥林匹克委员会世界体育科学大会上，矫玮教授的研究论文获得由国际奥林匹克委员会颁发的Merode王子优秀论文奖。这是学校首次在世界体育科学大会上获奖，也是我国参加该次大会获得的唯一奖项。2009年6月17—21日，在摩洛哥的文化名城马拉喀什举办的第十二届世界运动心理学大会上，张力为教授做了题为《卓越的背后：中国运动员备战和参赛北京奥运会的心理训练》的主题报告。

北京体育大学积极承办、参加国际学术交流活动，师生积极发表学术论文、与国际知名学者进行面对面的交流，这不仅有利于我国体育学术界与国际体育学术界的沟通与交流、展示我国体育学术科研实力、我国体育界获取相关领域的最新动态和前沿信息、引进相关学科的先进技术和科学理念、促进相关体育学科的发展，还有利于学校在我国体育外交中地位的不断提高。

5.2.2 北京体育大学与“111计划”

新时期的体育外交必须为建设体育强国服务。获取国际体育资源，提高我国体育的综合竞争力是现阶段我国体育外交工作的重要内容之一。新中国成立初期，我国体育事业的快速发展，一定程度上得益于国际体育人才资源的引进。例如，来自苏联的体育专家为新中国培养了宝贵的体育人才，为新中国体育的全面发展提供了智力支持。

半个多世纪过去了，在体育大国向体育强国迈进的道路上，北京体育大学全力申请进入“111 计划”，继续发挥在体育外交工作中引进国际体育人才智力资源、提高我国体育科学技术水平的作用。

经过衡量自身条件，北京体育大学以各学科引智项目为基础，以体育为特色，以运动人体科学、运动训练学为重点，向教育部和国家外专局提出立项申请。学校“运动人体科学与竞技体育训练创新引智基地”项目于2007 年6 月25 日报送教育部科学技术司（2021 年 2 月更名为科学技术与信息化司）。2007 年 7 月 30 日，北京体育大学派出答辩小组参加申报答辩。学校被分在了生命科学组，答辩小组的答辩重点突出了学校办学特色，紧密结合体育对外交往和 2008 年北京奥运会，得到了评审专家的好评。随后，该项目被正式立项。

2008—2012 年，“运动人体科学与竞技体育训练创新引智基地”项目实施的第一个 5 年，项目共引进来自德国、美国、法国、澳大利亚等国家的 10 位学术大师，以及其他海外专家学者共 72 人次，采取多种方式，开展了密切、深入的实质性科研合作和富有成效的人才培养工作。2012 年，学校顺利通过了“111 计划”专家委员会对基地项目建设的综合验收，并被评为“优秀”等次。

“111 计划”由于起点高、遴选条件严格，至 2011 年底，在“十一五”期间，全国只在 72 所高等学校建设了 126 个引智创新基地。因此，北京体育大学能够进入“111 计划”，一方面彰显了学校的综合实力，另一方面也为学校充分利用国际化优质智力资源，全面提升我国体育科技创新能力和体育综合竞争力赢得了契机。进入“111 计划”进一步提升了学校在我国体育外交中的地位。

5.2.3 北京体育大学聘请跆拳道专家李胜国

2015 年 9 月，国务院批准授予 50 名在华工作并为我国建设事业的热情支持和在友好合作中做出突出贡献的外国专家 2015 年度中国政府友谊奖。其中，北京体育大学聘请的跆拳道专家——韩国体育大学原校长李胜国先生获此殊荣（图 47），并受到了国务院总理李克强的接见。

图 47　李胜国先生获得中国政府友谊奖

李胜国在韩国跆拳道界乃至世界跆拳道界都是一位传奇人物，他曾培养出上百名世界冠军，15 名奥运冠军。在中国跆拳道选手中，陈中、罗薇、吴静钰都是他的得意弟子，其中在 2000 年悉尼奥运会上获得女子 67 公斤级冠军的北京体育大学学生陈中是中国高等院校培养的第一位奥运冠军。正是由于以李胜国为代表的众多韩国跆拳道教练全心全意地帮助中国跆拳道人，才使得跆拳道项目目前已经成了中国的优势运动项目和中韩两国进行体育交往的重要桥梁。因此，中国跆拳道一路走来，李胜国是见证者、同行者。“将跆拳道普及到中国，我有强烈的使命感，这是我的使命”，李胜国诚恳地说。

在北京体育大学聘请的众多韩国跆拳道教练中，最具影响力的要数韩国体育大学原校长李胜国。“来中国之前，我就在欧洲、非洲、南美洲等 70 多个国家进行跆拳道普及推广工作”，李胜国介绍说。1992 年起，他开始往返于中韩两国。他带着满腔热血来到北京体育大学，在跆拳道方面尽他所能给予中国帮助。他也曾多次自己出资，利用假期到中国指导运动员训练。李胜国担任韩国体育大学校长期间，亲自带领自己的学生来到中国，与中国运动员一起训练，同时进行友谊比赛。最初，中国运动员里只有陈中能胜过韩国运动员，到了 1997、1998 年，中国运动员的跆拳道水平有了显著提高。

李胜国在 2004 年雅典奥运会前竞选韩国体育大学校长期间，还抽出两周时间专程来中国进行针对性指导，最后帮助北京体育大学学生陈中、罗薇在雅典奥运会为中国代表团夺取两金，其中罗薇在女子 67 公斤级第一轮战胜了韩国体育大学的小将黄敬善，这一系列事件在韩国引发了很大的争议。李胜国说，“压力来自方方面面，很多人都劝我不要去中国了。但我就想按照自己的意思做，武道是不分国界的”。由此可见，李胜国对于和中国的交往很坦然。

2015 年 10 月 9 日上午，北京体育大学为获得中国政府友谊奖的李胜国举行了表彰仪式。时任校党委书记杨桦首先代表学校向李胜国先生表示热烈祝贺，他指出，每年有 60 余万外国专家来华工作，李校长能够脱颖而出获得中国政府友谊奖，不仅是他本人的荣誉，也是学校的骄傲。随后时任校长池建谈道，“作为与中国跆拳道 25 年的同行者，李校长为我国跆拳道事业的发展付出了心血和汗水，尤其是他极强的敬业精神值得我们每个人学习”。（图 48 至图 50）

李胜国先生对于中国政府及北京体育大学给予的荣誉和信任表示感谢，他深情地表示，“我现在已经是一个真正的北体人，未来我将继续与中国跆拳道同行”。

图 48　李胜国先生获奖后参加学校会谈

图49　李胜国先生与校领导杨桦、池建合影

图50　李胜国先生与学校领导师生合影

5.3 北京体育大学与国际人才培养

进入21世纪，中国体育开始影响世界，中国体育影响力的提升离不开国际人才的培养。在这一时期，北京体育大学国际人才培养工作主要有两个方面：一是为我国培养国际体育组织人才；二是通过留学生教育，培养“知华友华”的外国留学生。此外，北京体育大学还通过授予国际体育组织领导人名誉博士学位的方式，加强中国与他们的友谊与沟通，促进中国体育对外交往工作的顺利开展。

5.3.1 国际体育组织人才培养新途径——研究生冠军班公派留学项目

由于语言和文化背景等方面的差异，我国在国际体育组织中任职的人员相对较少，特别是在国际体育组织决策层、高层中任职的人数更加有限。我国国际体育人才匮乏、后备力量不足的现象严重，因此我国在国际体育组织中任职的状况与我国体育在国际上的地位极不相称。这在一定程度上制约着我国在国际体育组织中发挥更大的作用。目前，在国际体育组织任职的大部分人员都具有显赫的运动员背景，如前任国际奥委会主席罗格是一位帆船和橄榄球运动员，现任国际奥委会主席巴赫更是一位击剑项目的奥运会冠军；而我国优秀运动员由于在文化培养方面的缺失，很少有运动员在退役后能达到国际体育组织的任职标准。

1980年的奥林匹克纪念日，时任国际奥委会主席萨马兰奇访问北京体育学院并发表重要演讲，在演讲中，他希望北京体育学院成为培养国际体育领导人的高等学府。作为中国体育最高学府，北京体育大学肩负着为国家培养国际体育组织人才的责任，也应该起到为我国体育外交事业培养国际人才的作用。国际体育组织人才的培养途径究竟是什么呢？这也是北京体育大学一直在思考的问题。1980—2003年，北京体育大学通过多年的摸索，终于走出了一条培养我国优秀运动员成为高层次国际体育组织人才的新道路。那就是针对优秀运动员的研究生教育及国际化的留学教育，培养和造就熟悉国际体育事务、外语水平高、知识面广，具有较强的组织协调和沟通能力，能在国际体育事务中发挥重要作用的高层次国际体育组织人才。这也是北京体育大学研究生冠军班一直努力的方向。

北京体育大学研究生冠军班成立于2003年。当时的社会背景是，随着国家经济建设的飞速发展，我国竞技体育发展取得了显著成效，涌现出一大批优秀的运动员、教练员，他们在为国家体育事业做出突出贡献的同时，也面临着由于长期从事运动训练而造成的教育缺失及职业生涯再选择等社会广泛关注的问题，党和国家对此十分关心，教育部、国家体育总局曾多次发文要求加大优秀运动员的教育力度，完善优秀运动员的素质结构，有效提高奥运会冠军和世界冠军的职业生涯设计水平。图 51 为 2005 年 11 月 14 日我校研究生冠军班的开班典礼。

图 51　2005 年 11 月 14 日我校研究生冠军班开班典礼

对于研究生冠军班学生的培养，北京体育大学一直秉承国际化的培养方向。为更好地发挥研究生冠军班学生这一高层次体育人才的作用，学校有针对性地做好培养工作，扩大培养渠道，选拔了部分优秀运动员和教练员，推荐到国外一流大学，师从一流的导师学习深造，并申请国家留学基金管理委员会的资助。

为达到培养国际化人才的目标，研究生冠军班学生在北京体育大学进行了本专业研究生课程的系统学习，学分已修满，基本掌握了本专业的理论知识，已经与国内外指导教师共同确立了明确的研究方向，制订了详细的出国留学研修计划。①

2004 年，北京体育大学积极争取到了国家留学基金管理委员会针对优秀运动员和教练员的出国留学专项资助，研究生冠军班学生李玲蔚成为首批受益者，赴英国拉夫堡大学学习。昔日羽毛球“皇后”李玲蔚是研究生冠军班攻读博士学位

① 池建．教育铸就新辉煌［M］．北京：人民体育出版社，2010：54－55.

的3名研究生之一。在她的导师——国际奥委会前副主席何振梁的指导下，李玲蔚将《夏季奥运会项目设置演变过程与发展趋势》作为自己的博士论文题目。为了让李玲蔚更好地完成论文，学校还派她赴瑞士洛桑国际奥委会总部学习，并致函当时的北京奥组委体育部协调请假事宜，协调函如下："北京奥组委体育部：贵部体育项目专家李玲蔚，目前正在我校攻读体育人文社会学专业的博士研究生，研究方向是奥林匹克运动（项目设置）。为了进一步加深对奥林匹克运动的了解，使其能顺利地完成学业，以便对奥组委的筹备工作做出更大的贡献，我校拟选派李玲蔚同志赴瑞士洛桑国际奥委会总部学习，为期三个月，费用由教育部负担。"李玲蔚的研究成果引起国际奥委会和国内外体育专家的关注，填补了该领域的空白。

2006年12月，李玲蔚得到时任国际奥委会主席罗格的亲自提名，成为奥林匹克项目委员会委员。奥林匹克项目委员会委员的职责就是回顾和分析奥林匹克项目的状况、规则和赛事，以及夏季奥运会和冬季奥运会的参赛人数，并有责任向国际奥委会提出有关竞技项目发展的规划和建议。李玲蔚的博士论文《夏季奥运会项目设置演变过程与发展趋势》与奥林匹克项目委员会"门当户对"。

当谈到在北京体育大学攻读博士学位对她在奥林匹克项目委员会的工作有哪些帮助时，李玲蔚认为，一是思维方式的改变。在论文的写作过程中，为了弄清一个问题，要阅读很多资料。对一个问题的判断，往往不能只从一个角度，而是要经过多方面的了解和多角度的思考。将这种思维方式转化到工作之中，就会避免用单一、片面的思想去处理问题，综合思考的能力有了很大提高。二是知识储备的增加。"过去自己只对羽毛球项目很熟悉，但在论文中要对奥运会项目设置的历史做整体的梳理和研究，从中比较这些项目的共性、个性及与社会人文、经济环境的关系，这是我从事奥林匹克项目委员会工作的基础，也是分析未来奥运会项目设置发展趋势的依据"。①

由于李玲蔚在奥林匹克项目委员会的出色表现，2012年7月26日，李玲蔚成功当选国际奥委会委员，她也成为继何振梁、吕圣荣、于再清、杨扬之后的第5位来自中国的国际奥委会委员。国际奥委会副主席于再清表示，李玲蔚的成功当选，说明中国在国际奥委会的地位在不断提升，同时也将增强中国在国际体育事务中

① 宋晓梦．教育使冠军再攀高峰：北京体育大学研究生冠军班备战奥运纪实［N］．光明日报，2008－4－30（10）．

的话语权。在北京体育大学及出国留学的系统学习，李玲蔚拥有了更深层次思考问题的能力和国际化的视野，为李玲蔚在国际奥委会的工作奠定了坚实的基础。

继李玲蔚之后，北京体育大学着力扩大研究生冠军班的留学规模，培养了更多具有国际化视野的优秀运动员、教练员，为我国储备更多能够在国际体育组织中任职的国际化人才。2010 年 4 月，国务院办公厅转发了《关于进一步加强运动员文化教育和运动员保障工作的指导意见》（以下简称《指导意见》）。《指导意见》从 6 个方面、20 个具体措施出发，为中国“后奥运时代”如何解决运动员的文化教育和保障问题指明了方向。以此为契机，北京体育大学开始为研究生冠军班学生积极奔走和运作，在国家体育总局、教育部和国家留学基金管理委员会的大力支持下，在威斯康星大学（麦迪逊分校）的盛情邀请下，最终完成赴美留学计划。

2010 年 11 月，北京体育大学、国家留学基金管理委员会和美国威斯康星大学（麦迪逊分校）签订研究生冠军班赴美国留学合作协议（图 52）。在协议中，国家留学基金管理委员会将此项目纳入“国家建设高水平大学公派研究生项目（5000 人）”。2010 年 5 月 25 日，由中美两国元首共同发起的“中美人文交流高层磋商机制”在北京成立，该机制是教育、科技、文化、体育领域的一个全新的高层磋商机制。2010 年底北京体育大学研究生冠军班赴美留学项目被纳入“中美人文交流高层磋商机制”。1971 年体育的“乒乓外交”开启了中美关系的“破冰之旅”，40 年后当实施中美人文交流高层磋商机制时，北京体育大学研究生冠军班赴美留学项目迈出了第一步。

图 52　北京体育大学、国家留学基金管理委员会和威斯康星大学（麦迪逊分校）签订研究生冠军班赴美国留学合作协议合影

自2010年开始，北京体育大学分批选派李娜、张怡宁、罗雪娟、陈中、罗薇、杨昊、刘春红、刘国正、王冰玉、卢秀栋等47人分别赴英国利兹大学、美国威斯康星大学（麦迪逊分校）（图53）、英国剑桥大学、美国印第安纳大学等国外高等学校进行为期6～12个月的学习、深造。学校也成为国家留学基金管理委员会资助硕士研究生公派留学、以团队的形式集体选派体育人才出国学习的首家高等院校。像这样成建制的公派优秀运动员、教练员出国学习深造的情况在新中国历史上尚属首次。

图53　研究生冠军班学生在威斯康星大学（麦迪逊分校）上课

为使运动员尽快适应国外的学习生活，北京体育大学为研究生冠军班学生精心制订了出国前的培训计划，其内容包括英语和专业知识培训，为研究生冠军班学生更快地适应国外的学习生活打下了良好的基础，同时也使他们对出国学习有了更加明确的目标和追求，增强了他们学习的信心和勇气。

研究生冠军班学生在学习语言上凭借不服输的精神，英语水平提高很快，系统学习了西方体育理论知识，也深入了解了美国人的生活、文化及当时美国体育的发展现状。美国的课程比较注重社会实践，运动员针对自己的专项，深入到运动队中去学习和交流。此外，留学期间研究生冠军班学生还参加了许多学校和当地社区、华人协会组织的各种活动，他们很快就融入了当地的社区中，充分感受到了美国的体育文化。

目前，留学归来的研究生冠军班学生已经完成了从运动员、教练员到体育组织、管理人才的转变，大部分学生在国家体育总局各中心和北京体育大学任职。期待从这些拥有优异运动成绩、具有一定理论水平和国际化视野的北京体育大学研究生冠军班学生中走出更多在国际体育组织中任职的国际化人才，承担起提升我国体育国际话语权的责任。

5.3.2　全面提升的北京体育大学留学生培养工作

我国的留学生教育事业一直是国家外交工作的一部分，国家更把它看成是增进与各国教育、文化交流合作，促进国家间理解并维护国际和平的一项具有战略意义的工作。

高等院校的留学生教育是学校国际化人才培养体系的重要组成部分。留学生的数量和所占全校学生的比例，是衡量学校国际化程度的重要指标。北京体育大学作为最早培养留学生的高等学府之一，截至 2014 年，已经为遍布五大洲的 120 个国家培养了 2 万余名学历生、进修生和短训生。

学校的留学生教育工作得到教育部、国家留学基金管理委员会、北京市教委、汉语国际推广领导小组办公室（以下简称“国家汉办”）、孔子学院总部的肯定和大力支持。学校现在不仅有获中国政府奖学金资助的留学生和自费留学生，还有获北京市政府留学生奖学金、孔子学院奖学金等资助的留学生，增加了高层次留学生招生种类，拓宽了生源渠道。

除了留学生的学历教育，北京体育大学的留学生非学历教育有着鲜明的特色，在弘扬中华民族传统体育文化方面有着不可替代的作用。

北京体育大学留学生的非学历教育主要集中在武术培训方面，每年有许多慕名而来的武术爱好者到学校投师，每年来学校学习武术的非学历教育留学生达到数百人。学校常年为非学历教育留学生开设武术套路班和太极班，以传播中华民族传统体育文化精髓为己任，并以优质的教学服务吸引着世界各地的武术爱好者。近年来，随着中国国际地位的提升和汉语在世界上的推广，学习汉语的非学历教育留学生也在增加。

近年来，学校根据自身的办学特色开展了中华民族传统文化教育项目，美国、马来西亚等国家高等学校派遣学生团队来学校进行长期或者短期中华民族传统文化课程学习。学习内容包括综合汉语、武术、中医按摩、中国书法、中国绘画、中国文化等。同时，国外高等学校承认来中国学习的学生所学课程的学分，并计入学生总学分当中。

图54　国际大学生体育联合会主席奥列格·马迪钦

北京体育大学留学生教育硕果累累，他们回国以后从事与体育相关工作，成绩显著。北京体育大学培养的留学生，为中国和所在国的友谊和交流起到了积极的促进作用。

时任国际大学生体育联合会主席的奥列格·马迪钦（图54），为母校（北京体育大学）的发展和取得的成绩感到自豪，并向俄罗斯体育界宣传北京体育大学的成就，还多次带队来北京体育大学参观、访问和学习。当北京申办2008年奥运会和深圳申办2011年世界大学生运动会时，其为北京和深圳的成功申办做出了积极的贡献。

克罗地亚前总理、克罗地亚奥委会主席兹拉特科·马泰沙是北京体育大学培养的留学生的典型代表。作为克罗地亚奥委会的领军人物，兹拉特科·马泰沙主席一直致力于弘扬奥林匹克精神，并为推动中克体育交流做出了贡献。

2009年5月25日，时年60岁的兹拉特科·马泰沙在北京体育大学顺利完成了博士论文《奥运会组织管理系统》的答辩（图55），并获得博士学位（图56）。时任中国奥委会主席、国家体育总局局长刘鹏亲自为兹拉特科·马泰沙颁发了博士学位证书，盛赞兹拉特科·马泰沙主席获得北京体育大学博士学位是中克体育交往的重要事件，期待未来中克两国体育界的交往更加深入。

图55　克罗地亚前总理、克罗地亚奥委会主席兹拉特科·马泰沙博士在进行论文答辩

图56　2009年6月12日，我校授予克罗地亚前总理、
克罗地亚奥委会主席兹拉特科·马泰沙博士学位

学校培养了大批“知华友华”的外国青年精英和体育界领袖，为中国与世界体育、文化交流做出了卓越的贡献。学校的优秀留学生代表还有越南文化体育旅游部科技环境保护司时任司长黎得章，老挝国家体委时任主任、老挝奥委会时任主席朴通·显阿空，喀麦隆体育部时任副部长大卫·汉纳克·托尼，也门共和国体育部时任副部长阿赫·加里等①。

① 《北京体育大学校史》编委会．北京体育大学校史：2002—2013［M］．北京：北京体育大学出版社，2013：169.

为全世界培养优秀的高层次体育人才，证明了北京体育大学具有高质量的教学水平，显示了北京体育大学在体育外交工作中培养“知华友华”外国体育界精英的重要作用。

5.3.3 北京体育大学授予国际体育组织领导人名誉博士学位

名誉博士学位是我国对外国科学家、政治家和社会活动家授予的名誉学位。名誉博士学位的授予可以有效沟通我国与国外有影响力人士的感情，促进和扩大学校的国际合作与交流。名誉博士学位具体由国务院学位委员会审核批准。1994年9月10日，北京体育大学授予德国科隆体育大学教授海克尔名誉博士学位；1995年4月29日，北京体育大学授予国际田联主席内比奥罗名誉博士学位；1997年12月8日，北京体育大学授予俄罗斯体育学院院长库仁名誉博士学位；2005年12月9日 北京体育大学授予俄罗斯体育大学校长阿列格名誉博士学位。早在1993年北京体育学院就向国家体委做了《关于拟授予国际奥委会主席萨马兰奇先生北京体育学院名誉博士称号的请示》，请示中写到，此项计划如果得以实现，将会促进我国申办2000年奥运会的工作；密切我国与国际奥委会主要领导人的联系；提高我国学位制度的国际声誉，促进我国高层次体育教育事业的发展。但因为多种原因，北京体育大学授予萨马兰奇先生名誉博士学位的计划未能实现（浙江大学授予了萨马兰奇名誉博士学位），这成了北京体育大学的遗憾。

2001年北京2008年奥运会申办成功，中国体育外交进入了新的发展时期。北京体育大学的国际影响力也得到了进一步的提升，学校通过为国际上的知名体育人士授予北京体育大学名誉博士学位，来弘扬奥林匹克精神及文化，为我国体育外交事业做出贡献。

遗憾终须弥补，历史需要创造。

2006年8月16日，北京体育大学为国际田联主席拉明·迪亚克先生举行了名誉博士学位授予仪式。2006年10月9日，学校又为国际反兴奋剂机构主席迪克·庞德先生举行了名誉博士学位授予仪式。

国家体育总局对时任国际奥委会主席雅克·罗格的名誉博士学位授予仪式十分重视，派外联司配合北京体育大学完成授予仪式。2006年10月22日，时任国际奥委会主席雅克·罗格的名誉博士学位授予仪式在北京体育大学体育馆隆重举行（图 57）。

图 57　2006 年 10 月 22 日，我校授予国际奥委会主席雅克 · 罗格北京体育大学名誉博士学位

在接到名誉博士学位证书后，雅克 · 罗格主席发表了热情洋溢的讲话。在讲话中，雅克 · 罗格主席对在过去的几十年中中国在推动奥林匹克运动发展方面、在体育领域的贡献及中国运动员在国际体育舞台上的优异表现、在奥运会中取得的卓越成绩给予了高度的评价。同时，对中国政府和中国人民为举办 2008 年北京奥运会所作出的不懈努力表示感谢。他在讲话中还提到，对北京体育大学的学生寄予了厚望，希望年轻的一代将来能够成为中国及其他国家体育事业的中坚力量。最后他说，“我代表奥林匹克运动，再次表达深深的谢意，感谢这样一所知名的大学授予我此项荣誉”。

中央电视台综合频道（CCTV－1）晚 7 点的《新闻联播》对北京体育大学授予国际奥委会主席雅克 · 罗格先生名誉博士学位仪式进行了报道。随后，中央电视台的《焦点访谈》《东方时空》《高端访谈》节目多次播放了有关学校授予雅克 · 罗格主席名誉博士学位的画面。此后，授予雅克 · 罗格主席名誉博士学位的新闻在网络和平面媒体上多次播出，到学校访问的客人也多次谈起此事，可见此事的影响力之大。

2006 年，在 2008 年北京奥运会筹备进入倒计时的重要阶段，北京体育大学在一年时间内向 3 位国际重要体育人士授予名誉博士学位，在国际体育界产生了巨大的影响，彰显了中国体育的巨大影响力，也显示了国际体育组织领导人对北京体育大学的高度认可。这一时期，北京体育大学在与国际体育组织领导人增进沟通与了解方面发挥了极其重要的作用。

5.4 北京体育大学与中国体育文化的传播和推广

有学者将2001年以后称为中国体育对外交往的文化战略重心时期①。其理由是进入21世纪以来，随着国家“软实力外交”的提出，中国体育也转入了一个增强中国体育软实力和国际影响力的时期。在中国体育文化传播方面，北京体育大学借助创建孔子学院的契机，开创了中华文化传播的新模式，加快中国优秀传统武术文化对外传播的速度。此外，北京体育大学艺术团多次随国家领导人出国访问，用富有中国特色的演出扩大中国体育文化的影响力，成了体育文化的交流使者。

5.4.1 武术与汉语齐飞——开创了孔子学院中华文化传播新模式

随着中国政治、经济实力的增强和国际地位的提升，世界其他国家和人民了解中国的需求相应提升，这就催生了世界范围内的汉语学习热。2002年，教育部和国家对外汉语教学领导小组就开始筹划海外语言推广机构的设立。2004年3月，这一海外汉语推广机构最终定名为“孔子学院”，以教授汉语和传播中华文化为宗旨。

2007年8月29日，由北京体育大学承担建设工作的挪威卑尔根孔子学院正式成立（图58）。这是目前我国体育院校建立的唯一一所具有体育特色的孔子学院。

北京体育大学为什么要建立孔子学院呢？孔子学院教授汉语，跟体育有关系吗？传播中华民族传统文化是中国高等学校的使命。体育文化是文化的有机组成部分，北京体育大学作为我国体育的最高学府，把体育文化带进孔子学院，是北京体育大学的责任和义务。中华民族传统体育是中华民族传统文化不可分割的部分。北京体育大学有责任和义务把有利于世界各民族身心健康的中华民族传统体育文化传播到世界各地，造福各国人民。体育教育历来是教育必不可少的内容。孔

① 罗时铭．新中国体育对外交往60年论略［J］．南京体育学院学报（社会科学版），2009，23（6）：7－9.

子的教育内容是在承继西周六艺“礼、乐、射、御、书、数”的基础上而形成的。六艺教育中的“射、御”都属于体育内容。因而，孔子学院融入中华民族传统体育文化是十分必要的，这也是北京体育大学建立孔子学院的主要原因。

图 58　挪威卑尔根孔子学院成立典礼

通过与主管孔子学院的国家汉办协商，北京体育大学把建立孔子学院的地点选在了挪威——当时还没有孔子学院的国家。2006 年 8 月，学校向国家汉办正式提出建立孔子学院的申请。经过与挪威方面的多次沟通，2007 年 3 月，北京体育大学与挪威起草的建立孔子学院的申请书和办学方案送交到国家汉办；6 月，国家汉办正式同意在挪威卑尔根建立孔子学院；8 月 29 日，卑尔根孔子学院在挪威第二大城市卑尔根成立。2008 年 2 月，孔子学院武术课首先开课，3 月汉语课开课。

北京体育大学充分利用中华民族传统体育的优势，在卑尔根孔子学院的课程设置上打破了之前孔子学院单纯进行汉语教学的模式，开创了孔子学院中华文化传播的新模式，将武术教学提升到与汉语教学同等重要的位置，实现了武术与汉语齐飞。卑尔根孔子学院常规武术课程分为两类：全民健身类和竞技体育类。全民健身类面向全社会开放，竞技体育类主要面向挪威武术协会和各类武术俱乐部的注册会员，目的是培养参赛选手及本土武术师资。两类课程主要开设的班级有套路、散打、太极拳、健身气功的入门班、提高班和高级班，以及少儿武术班。事实证明，武术的教学和推广更容易被国外学生接受。

北京体育大学建立卑尔根孔子学院并努力推广武术项目，为孔子学院注入了体育元素，开创了中华文化传播的新模式。经过双方的努力，卑尔根孔子学院已成为在欧洲办得最出色的孔子学院之一。2011 年 12 月，卑尔根孔子学院院长在全球孔子学院大会上荣获了“全球孔子学院先进个人”的奖励和表彰。

北京体育大学着力打造孔子学院的武术教学推广课程，这种中华文化传播的新模式也得到了国家汉办和国家体育总局的认可。在 2013 年全国体育局长会议上，国家体育总局局长刘鹏表示，将以已经建成的孔子学院为基础，先期与北京体育大学汉语国际推广武术师资培训基地为试点，借助成熟的平台，将语言文化教育培训推广和我国传统体育文化教育培训结合起来。北京体育大学率先利用孔子学院这个平台进行武术教练员培训、武术人才培养、武术文化推广活动，这是体育外交领域的又一重大突破和机制创新。

北京体育大学创立的卑尔根孔子学院已经成了一个体育对外交往的新平台，为中华传统体育文化的传播创造了新空间，向世界展示了中国武术的独特魅力，搭建了中外文化交流的桥梁。卑尔根孔子学院的创立与发展，发挥了北京体育大学在体育对外交往中体育文化交流方面的重要作用。

5.4.2 体育文化交流使者——北京体育大学艺术团

2014 年 10 月 24 日晚 8 点，中共中央总书记、国家主席、中央军委主席习近平携夫人彭丽媛在人民大会堂设国宴欢迎访华的坦桑尼亚总统基奎特及其夫人。在宴会表演的 4 个节目中，北京体育大学艺术团精心排练的《太极神韵》于第 3 个上演，学生们精湛的技艺受到了习近平主席及外宾的高度赞许。

演出结束后，习近平主席及夫人彭丽媛与我校艺术团成员一一握手并亲切交谈，对精彩的演出表示赞赏，并给予学生们勉励。习近平主席对队员王梽有说，“你们是那个表演太极拳的吧！”王梽有回答道，“是的！”对队员柴云龙说，“我知道你，你是那个北京体育大学的武术世界冠军吧！”柴云龙回答道，“是的，主席，我也曾随您出访俄罗斯！”对队员樊亚超说，“你们北京体育大学的表演很精彩！”樊亚超回答道，“谢谢您，我们会继续努力的！”夫人彭丽媛也走到艺术团成员面前说，“我知道你们，你们是北京体育大学的学生！”随后，习近平主席和其夫人彭丽媛与参演人员合影留念。

近年来，北京体育大学艺术团屡次走出国门弘扬中华民族传统文化，以实际行动拓展、丰富我国体育对外交流渠道，为开展中国体育国际人文交流活动、推广中国体育文化做出了重要的贡献。

北京体育大学艺术团成立于 2005 年 12 月，艺术团开始承担国家级出访表演任务则是从 2009 年开始的。当时，学校创作的一台以武术为主、民族舞蹈为辅，以 2008 年北京奥运会开幕式中国代表团引领员于佩为主持人的精彩文艺节目经国家汉办节目评审专家组严格的评审，进入了“三巡”巡演团。北京体育大学这台以中华民族传统体育文化为主题的表演也是巡演团中唯一具有体育元素的节目。

北京体育大学艺术团在瑞典的首秀非常成功，中国驻瑞典大使陈明明先生和张宁参赞对演出给予了高度的评价。在挪威的演出同样精彩，现场观众多达 2000 多名，在当地掀起了中国热、武术风。北京体育大学艺术团第一次走出国门就获得了巨大的成功。(图 59)

图 59 我校艺术团赴北欧演出留念

由于在瑞典、挪威两国的出色表现，国家汉办收到瑞典、挪威两国使馆官员对北京体育大学艺术团的高度赞扬。艺术团还未返京，国家汉办就通知学校做好承担大型国事活动的准备，组织学校艺术团武术队随同时任国家副主席的习近平同志出访俄罗斯，参加 2010 俄罗斯“汉语年”开幕式。

2010 年 3 月，北京体育大学除了进行学校艺术团武术队的演出排练工作，还承担了国家汉办组织的近 300 名演员参加俄罗斯“汉语年”开幕式演出彩排的重大任务。3 月 16 日晚，时任中央政治局委员、国务委员刘延东在教育部部长袁贵仁、国家体育总局局长刘鹏等 8 位部委领导的陪同下，来到北京体育大学审查节目，节目结束后，刘延东同志说，“北京体育大学的师生为节目的彩排付出了辛苦的劳动，北体大的同学们也来到了现场观看演出，你们的掌声给了演员极大的激励，我感谢北体大的同学们！选择北京体育大学作为排练场地实在是太合适了”。刘延东同志的讲话是对北京体育大学学生的鼓励和鞭策，也是对北京体育大学承担的体育外交工作的肯定。

2010 年 3 月 23 日晚，时任中国国家副主席习近平与俄罗斯总理普京共同出席的 2010 俄罗斯“汉语年”开幕式在莫斯科克里姆林宫隆重举行，来自北京体育大学艺术团的同学们表演的《中国功夫》赢得了现场观众多次热烈的掌声。这是北京体育大学建校以来首次跟随国家领导人出访，圆满、精彩、成功的演出展示了中华民族传统体育的魅力，为学校争得了荣誉。这项任务的圆满完成，充分展示了学校在体育外交工作中传播中华民族传统文化方面的巨大作用，大幅度提升了北京体育大学在我国体育外交领域的地位。

2010 年 11 月 24 日，北京体育大学再次组团随时任国务院总理温家宝参加了 2010 俄罗斯“汉语年”闭幕式的系列活动。在闭幕式晚会演出中，北京体育大学艺术团的师生们献上了精彩的节目，其中《太极神韵》节目成为整台晚会的亮点，深深吸引了俄罗斯的观众。时任中共中央政治局委员、国务委员刘延东及国家体育总局局长刘鹏出席了晚会，并对北京体育大学代表国家多次参加重大国际文化交流活动、奉献高水平的演出给予了充分的肯定和高度的赞扬。

2010 年 10 月，北京体育大学艺术团前往意大利参加由教育部主办、意大利外交部和教育部协办的“中意青少年大联欢”开幕式暨文艺演出活动。晚会开始前，教育部副部长郝平亲自来到演员化妆室看望演员，当看到北京体育大学学生时，握着他们的手说，“是北京体育大学的学生吗？今年上半年俄罗斯‘汉语年’开幕式上你们立功了！”

2012 年 6 月 20—28 日，北京体育大学艺术团武术队随时任国务院总理温家宝赴阿根廷为中阿建交 40 周年庆祝晚会进行表演，演出结束后温家宝总理和阿根廷总统克里斯蒂娜一起上台与演员们合影。合影结束后温家宝总理面带微笑握着马岚的手夸赞道，“好！好！”，并与师生们一起合影留念。

至此，北京体育大学共参加了9次由教育部、文化部、国家汉办选派的赴国外演出活动，北京体育大学参团人数达150人次。从项目的初次争取到逐渐扩大影响，再到成为在国家汉办立项的常规化项目，有赖于国家对对外体育文化交往的重视，有赖于北京体育大学雄厚的综合实力，有赖于学校领导初期对出国巡演项目的敏锐发掘和对项目的积极争取。此项目的成功立项，进一步巩固了北京体育大学在体育外交领域的地位。通过北京体育大学的努力，中华民族传统体育文化成为高层次国际文化交流中不可缺少的元素，通过体育交流提升了中华文化的软实力和影响力。此项目从争取到发展的全过程，已经成了体育对外交往工作的典范。

5.4.3 北京体育大学师生参加平昌冬奥会闭幕式“北京8分钟”表演

平昌冬奥会闭幕式，守候在电视机前的中国观众都在期待着一个节目的登场，那就是“北京8分钟”的表演。2018年2月25日21点18分（平昌时间），在全场观众和全球亿万电视观众的注视下，由中国著名导演张艺谋执导的《2022相约北京》文艺表演用现代手法和思维，奉献了一台蕴含丰富中国文化、展现新时代中国形象的文艺精品。中央电视台体育频道评论员在解说中说到，场上的24名轮滑表演者均来自北京体育大学。这24名来自北京体育大学的轮滑演员和24个带着透明冰屏的智能机器人，象征着第二十四届北京冬奥会。他们借助高科技实现的影像变换在舞台上滑出漂亮的曲线轨迹，与智能机器人相映成趣，带来了一场融合科技与文化的视听盛宴！

实际上，北京体育大学全程参与此次演出的学生共计80人。大家在电视直播中看到了22名轮滑演员和2名“熊猫特使”，此外还有负责将24面冰屏推进场地的48名推屏演员，还有4名替补队员（其中2名是“熊猫特使”的替补，2名是轮滑演员的替补），以及4名负责放置用于定位的反光柱的演员。除了80名学生，学校还安排了3名指导老师，全程参与演出团队的管理和指导。

王晓亮，轮滑球、冰球运动健将，冰球国家一级教练员。北京体育大学滑冰、轮滑专项教师，中国轮滑协会委员，北京市冰上运动协会副秘书长。任此次轮滑表演团队教练员和“北京 8 分钟”北京体育大学临时党支部书记。

熊铮，速度滑冰运动健将。2006 年加入辽宁省速度滑冰队，多次在国内、国际比赛中取得佳绩。2016 年进入北京体育大学竞技体育学院游泳教研室任轮滑专项教师。任此次轮滑表演团队教练员和“北京 8 分钟”北京体育大学临时党支部宣传委员。

鲁骥，北京体育大学竞技体育学院 2015 级辅导员、党支部书记。任此次辅助演员管理教师和“北京 8 分钟”北京体育大学临时党支部纪检委员。

2017 年 11 月，北京冬奥组委来到北京体育大学进行演员选拔，当时参加选拔的同学们并不知道自己将要承担什么样的任务。参加选拔的同学们回忆说，选拔时考察的动作跟平时练习专项的动作不一样，整个过程让大家摸不着头脑。后来，接到老师的通知，被选中的同学要代表国家参加一次非常重要的演出。

图 60　校领导看望在北京昌平区的训练基地封闭训练的参演师生

12 月 1 日，北京体育大学的师生们在北京昌平区的训练基地集结，开始了封闭训练（图 60）。直到见到导演组大家才知道，这个重要的任务就是参加平昌冬奥会闭幕式“北京8分钟”的演出。这场演出意义重大，需要所有人签保密协议，在表演之前，不能向任何人透露他们在做什么，更不能透露表演的相关细节。直到出发前一天，同学们才告诉家人，“初十晚上看冬奥会闭幕式直播啊，里面有我”。

大家都对表演中可爱的“熊猫特使”印象深刻，在集训中“熊猫特使”的扮演者于广水和邢志伟是木偶演员。第一次拿到演出道具木偶装时，大家都觉得非常新奇。于广水在同伴的帮助下试着穿了一下木偶装。“那个木偶头的重量直接压下来，两个肩膀就像担上了两桶水”，他回忆说，穿这身木偶装至少需要两个人帮忙，一次穿脱需要15分钟左右，在训练间隙，别的演员可以松松鞋休息一下，他们就只能继续套着木偶装，没法坐，没法靠，只能站着。邢志伟说，有一次彩排，他们从头至尾穿着这身木偶装，大概有4个小时，等彩排结束回到宿舍，肩膀和腿都不是自己的了，只想瘫在床上睡觉。在导演和技术团队的努力下，熊猫木偶装的重量控制在15公斤以内，这对表演者来说，木偶装的重量已经降到了最低。

扮熊猫就要有个熊猫的样子。国内最顶级的木偶道具制作师傅制作了惟妙惟肖的熊猫道具，演员就要负责地把熊猫的姿态展现出来。“我们穿上道具，就要忘了自己，我们一上场就是两只熊猫”，于广水说，要通过熊猫的姿态表达出情感，这需要多进行模仿练习。邢志伟和于广水每天都会给自己加练一段时间，一个人练，另一个人用手机拍下来回看。“我们回宿舍用手机看视频，别人看电影，我就挑《功夫熊猫》《中国熊猫》看，从里面学熊猫的可爱动作”，邢志伟说。

两只熊猫木偶在表演时没有固定的动作，但需要合着现场地屏打出的投影走既定路线。开始排练还没有投影辅助，为了尽快熟悉线路，邢志伟就在模拟场地上用粉笔画出自己的路线，一次排练蹭模糊了，下次训练之前再画。经过3个月的练习，路线早已刻在两位演员的脑海里了。

“北京8分钟”演出时，24名轮滑演员与24个机器人配合完成表演。他们穿着单排轮滑鞋不仅要表现出花样滑冰的美感，还要与背景音乐、灯光效果、地屏视觉效果严丝合缝地配合。轮滑演员郭露阳说，在场上他们就像画笔一样，在地屏上滑出绚丽的图画。

郭露阳是北京体育大学体育休闲与旅游学院一名大三的学生，所学的专项是轮滑，但踩着单排轮滑鞋翩翩起舞这是第一次。他说，“我看到表演的录像很震惊，因为我怎么都想不到我会做出这样的动作”。

音乐响起，郭露阳和其他轮滑演员一起滑进场地，向右一个弧线，向后转身穿过两个机器人……所有的动作都是在重复近 3 个月的训练，正式表演的时候，他没感到有压力，按部就班地走线、滑行。“忘了自己是在滑旱冰，尽可能地展现冰上动作”，这是训练时导演组的要求，也是这近 3 个月他们重点练习的内容。

刚到训练基地，郭露阳信心实足。滑旱冰是他的老本行，没有什么难度，但随着训练的深入和细化，郭露阳需要重新掌握一套动作。郭露阳说，“旱冰比较稳，动作幅度可以大一些，但细微的艺术表现力不如真冰”。表演现场是一块模拟的冰场，演员们的动作想要更逼真，就要模仿冰上运动的动作。郭露阳就自己找花样滑冰视频看，每一个手势、每一下划动他都默默记在心里，以便第二天训练时付诸实践。

演出前的最后一个月，是演出团队训练最紧张的时候。北京的气温也逐渐转凉，训练团队专门找刮大风的日子进行训练。晚上训练场灯光全开，无遮挡的场地四处漏风，郭露阳和同伴们一练就是好几个小时。图 61 展示的是我校师生正在进行刻苦训练的场景。

图 61　我校师生正在进行刻苦训练

“平昌冬奥会闭幕式是在晚上，场地也可能有大风，所以我们的训练就尽可能模拟当地实际情况”，郭露阳说，一次夜场训练下来，汗水将他的鞋都浸湿了，湿冷最难扛。回到宿舍，他就想把脚放在暖气上暖和暖和。

在“北京 8 分钟”的整个演出过程中，有 48 名演员只出现在正式表演前，他们两人一组，推着机器人和“冰屏”最先上场，机器启动后演员迅速下场。每组队员对应一个屏幕，21 号屏幕是由常睿和同伴一起推上闭幕式舞台中央的，为了尽量不让现场观众看出演员的身影，他们穿着一身黑色紧身衣，只露出两只眼睛。听到启动成功的指令，他们就完成了这次“北京 8 分钟”演出的任务，总共上场时间不到 3 分钟。常睿，来自甘肃兰州，是北京体育大学运动医学与康复学院一名大四的学生，是一名推屏演员。在“北京 8 分钟”表演中，轮滑演员与机器人的互动让人难忘，机器人配载的显示屏上不时变化出各种图案，将现场点亮。常睿在场下盯着 21 号屏，转身、前行，一切正常运转，他松了口气。虽然没有在“北京 8 分钟”演出时露脸，但是他们的工作也非常重要。

到平昌之前，他们在北京封闭训练了近 3 个月。在北京封闭训练时，他们每天至少要推着 800 斤的道具来回走近千米。常睿说，“开始推的训练屏是 600 斤，真正用在表演中的屏是 800 斤，所以我们需要做大量的力量训练”。和常睿搭档的推屏演员是刘京，他们两人一组，一前一后，前面的人控制方向和牵引、后面的人发力推屏。图 62 为我校参加“北京 8 分钟”表演的学生练习推屏的场景。

图 62 我校参加“北京 8 分钟”表演的学生练习推屏

平昌冬奥会闭幕式现场从道具出口到舞台中央，有一个近6米长的坡路，在训练中，常睿和队友着重练习如何平稳地把道具推上这个坡。“需要惯性，有一个助跑”，刘京说，“原地推起来会很吃力”。

另外一个练习要点就是动作协调统一，这48名推屏演员要将24台机器人推到指定位置，机器人接收统一指令启动。只有这个环节正常了，接下来的8分钟才能正常进行。“在这个过程中应该有几个系列的动作，比如定点”，常睿回忆说，推到固定位置之后，会有统一的口号，让我们一起降轮，然后再启动。后台技术人员会和每组推屏演员确认机器是否正常，然后他们就按照顺序下场。整个动作要求在3分钟之内完成。为了这3分钟，他们训练了近3个月。图63为我校参加“北京8分钟”表演的学生合影。

图63　我校参加“北京8分钟”表演的学生合影

“北京8分钟”演出惊艳了世界，参与演出的北京体育大学师生践行“追求卓越”的校训，克服了训练和表演中遇到的各种困难，向全世界展示了北体学子的风采，出色完成了党和国家交付的重要体育外交任务。

5.5　北京体育大学国际化未来展望

5.5.1　建立中国体育文化传播推广的长效机制

目前，北京体育大学的对外体育文化交流通常是在适逢我国与外国重大庆典及随领导人出访等重大国事活动期间。尽管这样的时机对体育外交具有很强的推动作用，但是也不可避免带有一定的时效性和较强的政治色彩。大型体育文化交流活动虽然可以取得一时的轰动效应，但是很难让人体会到中国体育文化的细微之处。体育文化的传播与推广需要细水长流，体育对外交往的特点之一就是连续性。北京体育大学在未来应建立一套中国体育文化传播推广的长效机制，坚持对外体育文化交流的持续性、民间性和日常性，不能使对外体育文化交流仅仅成为短期的外事活动、临时应对型的文化活动。

5.5.2　加强以体育书籍、体育影像为主题的体育文化交流

目前，在中国大力加强体育文化软实力建设的背景下，北京体育大学应利用其出版社、传媒系及正在筹建的校电视台的出版与制作优势，加强以体育书籍、体育影像为主题的体育文化交流活动。首先，学校可以将我国各个领域的体育书籍，尤其是民族传统体育方面的书籍进行翻译，传播推广到其他国家。其次，学校可以制作中国体育的形象宣传片及民族传统体育的教学片，通过海外电视播出机构或一些视频网站等网络视频媒体宣传、推广中国体育文化。最后，学校还可以引进国外各类优秀的体育书籍和影像资料，为我国体育文化的建设吸取营养。

5.5.3　加大体育对外交往人才培养的力度

在体育对外交往人才培养方面，北京体育大学还应有计划地培养和造就一批政治素质强、业务过硬、外语水平好、综合素质高的国际体育组织人才队伍。未来可以采取以下措施加强培养力度。首先，在研究生冠军班中挑选综合素质较强、有志于从事体育外交工作的优秀运动员、教练员进行重点培养，培养方案可以与外交部直属院校——外交学院联合制定。在出国培养方面，可以将重点培养对象

送往相关国际体育组织进行考察实习，以增强其体育外交实战经验。其次，北京体育大学可以与外交学院探索合作培养体育对外交往人才，从两校中挑选热爱体育事业并有一定外语能力的本科生或硕士研究生进行联合培养，以适应体育国际化对人才的需求。

5.5.4 积极发挥海外校友的作用

海外华人华侨一直是弘扬中华民族优秀文化的重要群体，也是中国对外交往中一笔宝贵的财富，现在也应成为中国体育外交的重要资源。北京体育大学建校60余年来，毕业的学生遍布世界各地，他们大多在所在国家从事与体育相关的工作。学校应统一建立北京体育大学海外校友会，利用海外校友资源宣传、推广中华民族传统体育文化。学校可以对海外校友会实行统一管理，指导海外校友会利用其体育专业优势，加强对海外华人民族传统体育社团的建设与扶持力度，对其领导和业务骨干进行相应的培训，提高社团的层次。此外，北京体育大学还应与海外校友加强沟通，目的是为国家引进国外优质的体育资源，以提升我国的体育文化软实力。

5.6 小　结

2001年7月13日北京赢得了2008年奥运会的举办权。在新的历史机遇下，通过承办国际体育赛事与会议、积极开展体育人文交流活动，中国进入了提升体育文化软实力、影响力的时期，北京体育大学也迎来了前所未有的发展机遇。国家整体实力的提升，使得学校在体育对外交往领域发挥更大的作用，国际化也达到了一个新的历史高度。

北京奥运会的成功举办，在全世界塑造了中国和平崛起的国家形象，提升了中国的国际地位和声望。北京体育大学在场馆设施建设、竞技备战参赛、科技攻关和教材支持、专业人才支持、志愿者招募和培训、奥运文化传承、接待外国代表团训练七个方面全面备战与服务奥运，充分发挥自身的软硬件优势。北京奥组委体育部、运动会服务部，国家体育总局体操运动管理中心、田径运动管理中心，国家游泳中心运行团队等单位纷纷向北京体育大学发来感谢信。中共中央、国务院授予北京体育大学“2008 年北京奥运会、残奥会先进集体”称号，这充分肯定了北京体育大学在北京奥运会这一体育外交大事件中发挥的重要作用。

在这一时期，北京体育大学主动承担体育对外交往任务，起到了拓展体育交流渠道、增强中国体育软实力、扩大体育外交影响力的作用。学校从“中国体育的橱窗”逐渐转变成为“中国体育的进出口集团”，在体育文化对外交往、学术交流、人才培养方面均发挥了重要作用；在建立孔子学院和学校艺术团国外巡演工作中，积极推广中华民族传统体育文化；在留学生教育及名誉博士学位授予工作中，学校通过传播中国文化，培养“知华友华”的优秀校友，增强与国际体育组织领导人的沟通，提升中国体育的国际影响力。在国际体育学术交往和“111 计划”中，学校充分利用高水平国际体育会议和国际化优质智力资源，全面提升我国体育科技创新能力和体育综合竞争力。在学校研究生冠军班公派留学项目中，重点培养未来在体育对外交往工作中能够在国际体育组织中任职的国际化人才。

在中国奥委会 2012 年全会上，国家体育总局局长、中国奥委会主席刘鹏代表国际奥委会向学校颁发了国际奥委会“体育与社会责任奖”，北京体育大学成为中国唯一获此殊荣的高等院校。国际奥委会充分肯定了北京体育大学在世界范围内弘扬奥林匹克精神、传播和丰富奥运文化等做出的努力和起到的作用。

这一时期的中国体育对外交往工作注重文化战略，注重中国体育软实力的提升。北京体育大学作为中国体育的最高学府，充分发挥自身的文化和人才优势，主动出击，积极拓展体育交流渠道，为扩大我国体育国际影响力做出了重要的贡献。

参考文献

［1］杨桦．追求卓越，推进中国特色高等体育教育事业发展：北京体育大学发展历程回顾，献给新中国六十华诞［J］．北京体育大学学报，2009，32（9）：1－5.

［2］常智，罗英杰．新中国体育外交的历程、影响因素及发展前景［J］．体育科学，2004（9）：12－15.

［3］罗时铭．新中国体育对外交往60年论略［J］．南京体育学院学报（社会科学版），2009（12）：7－9.

［4］熊晓正，钟秉枢．新中国体育60年［M］．北京：北京体育大学出版社，2010：1－2.

［5］王昊．论新中国的体育外交［D］．北京：外交学院，2006.

［6］唐沛．新中国体育外交的回顾与展望［D］．北京：北京体育大学，2008.

［7］国家体育总局．拼搏历程　辉煌成就：新中国体育60年［M］．北京：人民出版社，2009.

［8］罗时铭．改革开放以来中国体育的对外交往［J］．武汉体育学院学报，2008，42（1）：22－25.

［9］李翔．改革开放以来中国体育对外关系变革与发展研究［D］．苏州：苏州大学，2013.

［10］卢丛丛．新中国社会主义建设严重受挫时期的对外体育交往（1966—1976）［D］．苏州：苏州大学，2013.

［11］李舜薏，熊锦平．后奥运时期的中国体育外交［J］．体育学刊，2012，19（2）：21－24.

［12］史国生．体育外交对国际社会的影响与作用［J］．体育文化导刊，2002（4）：48.

［13］周庆杰．中国外交与对外体育交往［J］．外交学院学报，2003（3）：52－57.

［14］马悦．论我国体育外交的作用与影响［D］．长春：东北师范大学，2007.

［15］李德芳．体育外交的作用及其运用：以北京奥运会为例［J］．现代国际关系，2008（10）：55－60.

［16］尹文博．试论体育活动在新中国外交中的作用［J］．青岛大学师范学院学报，2001，18（1）：56－59.

［17］宋雪莹，李相如．国际体育交流对开拓新中国外交局面的历史作用与未来展望［J］．首都体育学院学报，2002（6）：1－4.

［18］涂上飙．大学校史研究三十年来的成绩、特点、不足与建议［C］//中国高等教育学会校史研究分会第13届学术年会论文集，2014：21－36.

［19］钟师统．新中国体育教育的开拓者：钟师统［M］．北京：北京体育大学出版社，2002.

［20］李庚全，闫旭峰．钟师统体育办学思想研究［J］．北京体育大学学报，2013，36（4）：89－93.

［21］王道杰，程在宽．北京体育大学体育教育一专多能培养特色的演变［J］．体育文化导刊，2010（12）：66－67，81.

［22］温特．国际政治的社会理论［M］．秦亚青，译．上海：上海人民出版社，2014：1－6.

［23］陈世阳．国家形象战略研究［M］．北京：九州出版社，2013：3－4.

［24］张亭亭．中国人民对外友好协会对东盟的公共外交研究［D］．上海：上海交通大学，2012.

［25］于肪苏．公共外交视域下中国体育外交的时代责任［D］．长春：吉林大学，2014.

［26］储江．论体育外交［J］．体育文化导刊，2009（4）：6－9.

［27］鲁毅，黄金祺，王德仁，等．外交学概论［M］．北京：世界知识出版社，1997：336－337.

［28］钱其琛．世界外交大辞典［M］．北京：世界知识出版社，2005：1999.

［29］李宝俊．当代中国外交概论［M］．北京：中国人民大学出版社，1999：6－7.

［30］李少军．国际战略报告：理论体系　现实挑战与中国的选择［M］．北京：中国社会科学出版社，2005：31.

［31］张晓义．“一边倒”时期中国体育国际发展战略的历史回顾［J］．北京体育大学学报，2011，34（10）：5－8.

［32］祝莉，唐沛．中国体育外交六十年：回顾与展望［J］．体育文化导刊，2009（12）：140－145.

［33］鲁牧．体育摇篮第一家：记北京体育大学建院之初［J］．体育文化导刊，2004（1）：61－65.

［34］郭贤成，孙葆丽．新体育对外交往的起点：纪念新中国首次参加奥运会50周年［J］．体育文化导刊，2002（3）：24－25.

[35] 李玲修，周铭共. 体育之子荣高棠 [M]. 北京：新华出版社，2002：52-54.

[36] 吴枫桐. 难忘那金色布拉格：参加捷克斯洛伐克第一届全运会（1955）日记摘抄 [M] //熊西北. 情系北体. 北京：北京体育大学出版社，2003：129.

[37] 李宝俊. 历史的抉择：中国50年外交政策的战略性调整 [J]. 教学与研究，1999(6)：6-9.

[38] 李渤. 外交学 [M]. 北京：时事出版社，2014：354.

[39] 陈世阳. 国家形象战略研究 [D]. 北京：中共中央党校，2010.

[40] 张晓义，李光欣. 20世纪60年代中国体育外交回顾 [J]. 体育文化导刊，2013(3)：137-140.

[41]《北京体育大学校史》编委会. 北京体育大学校史：1953—2003 [M]. 北京：北京体育大学出版社，2003.

[42] 刘鹏. 援外教练五十载　五洲遍开友谊花 [N]. 人民日报海外版，2007-9-26.

[43] 中国体育年鉴编辑委员会. 中国体育年鉴1963 [M]. 北京：人民体育出版社，1965：34.

[44] 王幼良. 异国的似水年华 [M] //王芬，程建平. 北体情怀. 北京：北京体育大学出版社，2013：98-99.

[45] 田青. 北京体育大学来华留学生教育管理研究 [D]. 北京：北京体育大学，2009.

[46] 张嵘. 邓小平与毛泽东国际战略思想比较研究 [D]. 乌鲁木齐：新疆大学，2003.

[47] 赵可金，倪世雄. 中国国际关系理论研究 [M]. 上海：复旦大学出版社，2007：277.

[48] 颜永琦. 新中国“一条线”外交战略评析 [J]. 党史研究与教学，2004(1)：20-26.

[49] 张历历. 当代中国外交简史 [M]. 上海：上海人民出版社，2008：123.

[50] 国家体委政策研究室. 1973年全国体育工作会议纪要：体育运动文件选编（1948-1981）[M]. 北京：人民体育出版社，1982：115.

[51] 张晓义. 中国体育外交战略研究 [M]. 北京：人民体育出版社，2013：78-79，115.

[52] 伍绍祖. 中华人民共和国体育史：1949~1998：综合卷 [M]. 北京：中国书籍出版社，1999：245.

[53] 孙葆丽，杨文学，肖龙. 奥运模式的产生 [J]. 体育文史，2000(5)：34-36.

[54] 庄则栋. 庄则栋自述 [M]. 北京：新华出版社，2014：163-164.

[55] 邬吉成. 尼克松访华时的警卫细节 [J]. 中国人才，2008(16)：72-75.

[56] 中共中央文献研究室. 共和国体育 [M]. 贵阳：贵州人民出版社，2008：160-161.

［57］王钧．难忘的学生时代［M］//王芬，程建平．北体情怀．北京：北京体育大学出版社，2013：115.

［58］杨英．中国女排的奥运冠军效应［J］．搏击（体育论坛），2010，2（7）：53－54.

［59］曹慧英．我从这里起飞［M］//熊西北．情系北体．北京：北京体育大学出版社，2003：253－255.

［60］李淑兰．中国射箭运动重新崛起的地方［M］//熊西北．情系北体．北京：北京体育大学出版社，2003：251－252.

［61］谢益显．中国当代外交史：1949—2009［M］．北京：中国青年出版社，2009：345－351.

［62］刘爱华．党的十一届三中全会以来中国对外政策的新发展［J］．内蒙古大学学报（人文社会科学版），1999，31（1）：14－21.

［63］伍绍勤．1980年代中国外交战略调整研究［D］．天津：南开大学，2012.

［64］国家体委．中国体育年鉴：1949—1991：精华本上册［M］．北京：人民体育出版社，1993：240－241.

［65］钟师统．北京体育学院办学的指导思想和任务［J］．北京体育学院学报，1978（1）：7－8.

［66］《北京体育大学校史》编委会．北京体育大学校史第二卷：2002—2013［M］．北京：北京体育大学出版社，2013：163.

［67］门惠丰．武术学科创始人：张文广教授．［M］//熊西北．情系北体．北京：北京体育大学出版社，2003：70.

［68］张广德．不争春荣　笑迎秋霜［M］//王芬，程建平．北体情怀．北京：北京体育大学出版社，2013：111－114.

［69］李渤．外交学［M］．北京：时事出版社，2014：360.

［70］国家体育总局政策法规司．中国体育：迈向“十一五”：体育事业“十一五”规划文件资料汇编［M］．北京：人民体育出版社，2007：13.

［71］文君．公共外交与人文交流案例：第1辑［M］．北京：世界知识出版社，2013：232.

［72］池建．教育铸就新辉煌［M］．北京：人民体育出版社，2010：54－55.

［73］宋晓梦．教育使冠军再攀高峰：北京体育大学研究生冠军班备战奥运纪实［N］．光明日报，2008－4－30（10）．

［74］韩召颖．孔子学院与中国公共外交［J］．公共外交季刊，2011（3）：14－20.

［75］黄金祺．什么是外交：英汉对照［M］．北京：世界知识出版社，2004.

［76］阎学通．中国国家利益分析［M］．天津：天津人民出版社，1997.

［77］管文虎．国家形象论［M］．成都：电子科技大学出版社，2000.

［78］齐建华．影响中国外交决策的五大因素分析［M］．北京：中央编译出版社，2010.

［79］刘康．国家形象与政治传播：第1辑［M］．上海：上海交通大学出版社，2010.

［80］黄仁伟．中国崛起的时间与空间［M］．上海：上海社会科学院出版社，2002.

［81］沃尔兹．国际政治理论［M］．北京：中国人民公安大学出版社，1992.

［82］胡惠林．中国国家文化安全论［M］．上海：上海人民出版社，2005.

［83］楚树龙，金威．中国外交战略和政策［M］．北京：时事出版社，2008.

［84］韩念龙．当代中国外交［M］．北京：中国社会科学出版社，1987.

［85］国家体育总局．改革开放30年的中国体育［M］．北京：人民体育出版社，2008.

［86］钱江．“乒乓外交”始末［M］．北京：东方出版社，1987.

［87］杨桦．2008年奥运会提升中国国际地位和声望的研究［M］．北京：中国法制出版社，2007.

［88］伍绍祖．中国体育年鉴：1996［M］．北京：中国体育年鉴社，2000.

［89］国家体育总局．中国体育年鉴：2002［M］．北京：中国体育年鉴社，2002.

［90］国家体委．中国体育年鉴：1992—1993［M］．北京：人民体育出版社：1996.

［91］中国体育年鉴编辑部编辑．中国体育年鉴：2000［M］．北京：中国体育年鉴社，2000.

［92］张晓义，熊晓正，樊浩．中国选择奥林匹克的历史必然［J］．体育学刊，2008（5）：1－4.

［93］罗时铭．我国民族体育文化对外传播构想［J］．体育文化导刊，2008（11）：23－24，35.

［94］韩风月，傅砚农．武术国际化发展辨析［J］．体育文化导刊，2004（7）：32－33.

［95］赵岷，李翠霞．影响武术国际化的五大历史原因［J］．体育文化导刊，2006（1）：29－31.

［96］杨啸原．制约武术实现国际化的因素探析［J］．成都体育学院学报，2005（1）：80－83.

［97］季建成．武术走向世界不同模式的研究［J］．体育科学，2000（4）：22－23.

［98］朱向中．二十世纪中国武术的国际化寻绎［D］．苏州：苏州大学，2006.

［99］孙喜莲．民族体育文化与国家软实力［J］．体育文化导刊，2009（6）：123－127.

［100］陈碧清，鲁飞．北京奥运会后我国竞技体育软实力的提升［J］．武汉体育学院学报，2009（2）：26－30.

［101］舒盛芳，沈建华，郑雅来．中国体育软实力建设成就及其战略措施［J］．上海体育学院学报，2008（2）：1－5.

［102］陈伟，欧阳柳青，谭华，等．高等体育院校培养高层次国际体育人才（奥运人才）的若干设想［J］．成都体育学院学报，2003（3）：75－78.

［103］于文谦，姜广义．谈地域体育文化对国际政治关系的影响［J］．山东体育学院学报，2006（5）：1－3.

［104］吴瑛．孔子学院与中国文化的国际传播［M］．杭州：浙江大学出版社，2012.

［105］胡楠．挪威卑尔根孔子学院民族传统体育课程开设现状与对策研究［D］．北京：北京体育大学，2012.

［106］倪依克．论中华民族传统体育［M］．北京：北京体育大学出版社，2005.

［107］冯凯．崛起的大国：中国大趋势［M］．北京：中华工商联合出版社，2010.

［108］朱听昌．中国地缘战略地位的变迁［M］．北京：时事出版社，2010.

［109］赵启正．公共外交与跨文化交流［M］．北京：中国人民大学出版社，2011.

［110］周传志．当代中国体育的科学发展观研究［D］．广州：华南师范大学，2006.

［111］崔秉珍．论中国武术的国际化发展：从韩国跆拳道推广模式的角度分析［D］．上海：上海体育学院，2009.

［112］刘小学．中国民族传统体育在北欧的传播［D］．北京：北京体育大学，2010.

［113］刘亦武．论当代中国体育文化发展的主要方向［D］．上海：华东师范大学，2007.

［114］韩方明．公共外交概论［M］．北京：北京大学出版社，2011.

［115］彭新良．文化外交与中国的软实力［M］．北京：外语教学与研究出版社，2008.

［116］李景治．中国和平发展与构建和谐世界研究［M］．北京：中国人民大学出版社，2011.

［117］刘程，安然．孔子学院传播研究［M］．北京：中国社会科学出版社，2012.

［118］方可成．中国人民的老朋友［M］．北京：人民日报出版社，2014.

［119］宫力，王红续．新时期中国的外交战略［M］．北京：中共中央党校出版社，2014.

［120］赵启正．公共外交战略［M］．北京：学习出版社，2014.

［121］马卫东．历史学理论与方法［M］．北京：北京师范大学出版社，2009.

［122］丁明．国家智慧：新中国60年外交风云档案［M］．北京：当代中国出版社，2012.

［123］郝维谦，龙正中，张晋峰．中华人民共和国高等教育史［M］．北京：新世界出版社，2011.

附　录

附录 1　北京体育大学国际化发展历程大事记

1950 年

8 月 28 日—11 月 28 日，徐英超先生率领新中国的第一个体育代表团访问苏联。(回国后，徐英超先生任“中央体育学院筹备处”主任。)

1952 年

12 月 12 日　第一位苏联专家——体育教育理论专家凯里舍夫到校。

1955 年

6 月 8 日—7 月 22 日　由中央体育学院师生组成的中国体育代表团访问捷克斯洛伐克，并在捷克斯洛伐克第一届全运会上进行团体操表演。

1957 年

5 月 16 日—6 月 5 日　民主德国莱比锡体育学院考察团访问北京体育学院。

1958 年

4 月 29 日—7 月 2 日　钟师统率领中国体育考察团访问民主德国和苏联。

是年　北京体育学院招收第一批来自越南的 10 名留学生。

1959 年

1 月 28 日　最后一位苏联解剖学专家贝柯夫任教期满回国。

是年　北京体育学院首次接受国家体委的援外任务，为阿尔及利亚足球队一行 18 人开设短期学习班。

11 月 23 日—12 月 24 日　北京体育学院第一次派代表参加国际学术活动。王幼良代表学校在保加利亚第三届体育科学讨论会上，报告了我国开展广播体操的论文摘要。

1961 年

12 月 14 日　北京体育学院正式设置留学生办公室。

1962 年

7 月 7 日　越南民主共和国主席胡志明到北京体育学院参观。

12 月 27 日　蒙古人民共和国主席泽登巴尔到北京体育学院参观。

1963 年

9 月 1 日　中国驻阿尔及利亚大使曾涛代表北京体育学院向阿尔及利亚青年和体育部捐赠体育器材。

1964 年

7 月 21 日　北京体育学院成为国际体委外援小组首批成员单位。

10 月 24 日　以李达为团长，钟师统、张联华为副团长的中国体育代表团一行 7 人开始访问越南民主共和国。

12 月　北京体育学院专家组成员王幼良（专家组组长）、王义润、吴中量、郑嘉诰、王家礼、袁永和、郑吾真、黄美林 8 人，正式前往越南民主共和国工作。

1965 年

2 月 20 日　坦桑尼亚总统尼雷尔到北京体育学院参观。

1971 年

10 月下旬　美国国务卿基辛格博士到北京体育学院参观。

11 月　北京体育学院开始负责对尼日利亚、加纳和索马里等国的 8 名运动员、3 名教练员进行短期代训。

1972 年

2 月 23 日　周恩来总理陪同美国总统尼克松一行在首都体育馆观看了体育表演，北京体育学院青训大队队员担任仪仗队表演任务。

1973 年

是年　北京体育学院接受老挝爱国战线乒乓球队在华训练任务。

9 月　伊朗巴列维亲王及夫人到北京体育学院参观。

10 月　加拿大总理特鲁多与夫人到北京体育学院参观。

1974 年

是年　中国第一次派代表团参加亚运会。北京体育学院青训大队的宋美华夺得女子 800 米、1500 米两项冠军。北京体育学院培养的优秀跨栏运动员崔麟夺得了我国亚运会历史上的第一枚 110 米栏金牌。

1975 年

4 月 25 日　朝鲜民主主义人民共和国主席金日成到北京体育学院参观。

1979 年

11 月 12 日　受国家体委的委托，北京体育学院于 1979 年 11 月 12 日至 1980 年 2 月 9 日举办了乒乓球援外教练员培训班。这是我国历史上第一次举办乒乓球援外教练员培训班。

11 月 27 日　中外记者招待会上，中国奥委会主席、北京体育学院院长钟帅统向全世界宣布中国奥委会重新回归国际奥委会大家庭，并将参加 1980 年举行的美国普莱希德湖冬季奥运会和同年7月在苏联莫斯科举行的第二十二届奥运会田径、游泳、体操等15个项目的比赛和预选赛。

1980年

是年　北京体育学院与美国纽约州立大学科特兰分校签署友好校际关系协议。

6月　国际奥委会主席萨马兰奇访问北京体育学院并发表演讲。

1981年

是年　北京体育学院与美国春田学院建立友好校际关系。

4月16日　北京体育学院与德国科隆体育大学签署校际合作关系协议书。

1984年

10月1日　国际奥委会主席萨马兰奇代表国际奥委会为中国奥委会主席、北京体育学院院长钟师统颁发奥林匹克银质勋章，钟师统是继荣高棠之后第二位获此殊荣的中国人。

1988年

是年　北京体育学院开始向世界全面推广导引养生功。

12月　北京体育学院开始引进跆拳道项目。

1993年

4月　北京体育学院与河南省濮阳市人民政府联合举办第一届导引养生功国际邀请赛。

1994年

10月27日　国际田径联合会地区发展中心·北京在北京体育大学成立。

1995年

4月29日　北京体育大学授予国际田联主席内比奥罗名誉博士学位。

2001 年

5 月　北京体育大学与美国印第安纳大学联合举办“支持北京申奥，中美长城健走”活动。

2002 年

是年　北京体育大学国际交流中心成立。

2004 年

是年　北京体育大学得到国家留学基金管理委员会针对优秀运动员和教练员的出国留学专项资助。研究生冠军班学生李玲蔚成为首批受益者，赴英国拉夫堡大学学习。

2005 年

5 月　北京体育大学成功承办“世界体育信息科学大会”，32 个国家和地区的 300 余名代表参加了会议。

2006 年

8 月　北京体育大学向国家汉办提出合作建立孔子学院的申请。

8 月 16 日　北京体育大学授予国际田径运动联合会主席拉明·迪亚克先生名誉博士学位。

10 月 9 日　北京体育大学授予国际反兴奋剂机构主席迪克·庞德先生名誉博士学位。

10 月 22 日　北京体育大学授予国际奥委会主席雅克·罗格名誉博士学位。

2007 年

8 月 29 日　由北京体育大学建立的挪威卑尔根孔子学院正式成立。

10 月 26 日　北京体育大学“运动人体科学与竞技体育训练创新引智基地”项目正式进入“111 计划”项目名单。

2008 年

是年　北京体育大学全面服务与备战2008年北京奥运会。

9月29日　北京体育大学被中共中央、国务院授予“北京奥运会、残奥会先进集体”荣誉称号。

2009 年

是年　北京体育大学与南美洲的智利圣托马斯大学建立友好校际关系。至此，学校的友好关系院校遍布世界五大洲。

5月25日　克罗地亚前总理、克罗地亚奥委会主席兹拉特科·马泰沙在北京体育大学顺利完成了博士论文《奥运会组织管理系统》的答辩，获得博士学位。

12月　北京体育大学艺术团第一次走出国门，赴瑞典、挪威演出。

2010 年

3月23日　北京体育大学艺术团武术队随同时任国家副主席的习近平同志出访俄罗斯，参加2010俄罗斯“汉语年”开幕式。

11月24日　北京体育大学再次组团随时任国务院总理的温家宝同志参加了2010俄罗斯“汉语年”闭幕式的系列活动。

11月　北京体育大学、国家留学基金管理委员会和美国威斯康星大学（麦迪逊分校）正式签订研究生冠军班赴美国留学合作协议。

12月　北京体育大学研究生冠军班赴美留学项目被纳入“中美人文交流高层次磋商机制”。

2011 年

12月28日　国家体育总局局长、中国奥委会主席刘鹏代表国际奥委会向北京体育大学颁发了国际奥委会“体育与社会责任奖”。

2012 年

6月20—28日　北京体育大学艺术团武术队随时任国务院总理的温家宝同志

赴阿根廷为中阿建交40周年庆祝晚会进行表演。

2013 年

7月　北京体育大学成功承办代表运动心理学最高学术水平的第十三届世界运动心理学大会。

2014 年

10月24日　北京体育大学艺术团在欢迎坦桑尼亚总统基奎特夫妇的国宴上表演《太极神韵》，受到了习近平主席及外宾的高度赞许。

2015 年

9月　国务院批准授予50名在华工作并为我国经济社会发展做出突出贡献的外国专家2015年度中国政府友谊奖，其中北京体育大学聘请的跆拳道教练——韩国体育大学原校长李胜国先生获此殊荣。

2016 年

5月　北京体育大学参与“伊拉斯谟+”项目。

2017 年

5月　北京体育大学设立“一带一路”体育人才奖学金，吸引沿线国家体育人才来校学习，为沿线国家培养高规格体育人才。

2018 年

2月　北京体育大学80名学生参加平昌冬奥会闭幕式“北京8分钟”演出。

附录2　与北京体育大学友好交流的海外高等学校

序号	年份	国家	校名
1	1980 年	美国	纽约州立大学科特兰分校
2	1981 年	美国	春田学院
3	1981 年	德国	科隆体育大学
4	1982 年	日本	日本体育大学
5	1983 年	澳大利亚	维多利亚大学（原维多利亚理工大学）
6	1986 年	美国	亚利桑那州立大学
7	1986 年	美国	南加利福尼亚大学
8	1987 年	加拿大	西安大略大学
9	1989 年	美国	印第安纳大学
10	1989 年	俄罗斯	莫斯科国立体育大学（1993 年改为俄罗斯国立体育大学）
11	1990 年	保加利亚	国家体育学院（即索非亚奥林匹克学院）
12	1991 年	波兰	华沙体育学院
13	1992 年	韩国	韩国体育大学
14	1993 年	日本	至学馆大学（原中京女子大学）
15	1998 年	泰国	诗纳卡宁威洛大学
16	1998 年	越南	北宁体育大学（原河内第一体育大学）
17	2000 年	刚果（布）	刚果（布）大学体育学院
18	2001 年	韩国	汉城大学体育系
19	2001 年	美国	美国体育学院
20	2001—2005 年	美国	新英格兰大学
21	2003 年	英国	德蒙福特大学
22	2003 年	匈牙利	塞梅维什大学体育学院
23	2004 年	美国	俄亥俄大学
24	2004 年	英国	爱姆伍德学院

续表

序号	年份	国家	校名
25	2005 年	澳大利亚	埃迪斯科文大学
26	2005 年	英国	诺桑比亚大学
27	2006 年	美国	伊萨卡学院
28	2006 年	美国	特拉华州立大学
29	2006 年	美国	北密歇根大学
30	2006 年	美国	南新罕布什尔大学
31	2006 年	白俄罗斯	白俄罗斯国立体育大学
32	2006 年	韩国	庆熙大学
33	2007 年	越南	岘港体育大学
34	2007 年	俄罗斯	太平洋国立经济大学
35	2007 年	新西兰	维特利亚国立理工学院
36	2007 年	英国	东伦敦大学
37	2007 年	瑞士	马戈林根体育学院
38	2007 年	肯尼亚	莫伊大学
39	2008 年	日本	顺天堂大学
40	2008 年	克罗地亚	萨格勒布大学体育学院
41	2008 年	印度尼西亚	泗水大学
42	2009 年	澳大利亚	堪培拉大学
43	2009 年	西班牙	马德里理工大学
44	2009 年	智利	圣托马斯大学
45	2010 年	美国	威斯康星大学（麦迪逊分校）
46	2010 年	日本	早稻田大学体育学院
47	2010 年	古巴	古巴体育学院
48	2010 年	加拿大	阿尔伯塔大学
49	2010 年	法国	尼斯大学
50	2010 年	哈萨克斯坦	哈萨克斯坦体育与旅游学院
51	2010 年	马来西亚	马来西亚国民大学
52	2011 年	蒙古国	蒙古体育学院
53	2011 年	挪威	卑尔根大学
54	2011 年	新西兰	怀卡托理工学院

续表

序号	年份	国家	校名
55	2011 年	越南	胡志明市体育师范大学
56	2011 年	奥地利	萨尔茨堡大学
57	2011 年	英国	伍斯特大学
58	2011 年	意大利	博洛尼亚大学
59	2012 年	美国	北阿拉巴马大学
60	2012 年	美国	密苏里—哥伦比亚大学
61	2012 年	澳大利亚	南十字星大学
62	2012 年	泰国	泰国体育学院
63	2012 年	泰国	泰国农业大学
64	2012 年	泰国	朱拉隆功大学
65	2012 年	美国	德克萨斯大学（圣安东尼奥分校）
66	2012 年	美国	明尼苏达大学
67	2012 年	俄罗斯	圣彼得堡国立体育大学
68	2012 年	巴西	坎皮纳斯州立大学
69	2012 年	巴西	圣保罗州立大学
70	2013 年	美国	博林格林州立大学
71	2013 年	印度尼西亚	印度尼西亚巴苏丹师范学院
72	2013 年	印度尼西亚	印度尼西亚教育大学
73	2014 年	新加坡	共和理工学院
74	2014 年	英国	利兹大学
75	2014 年	土耳其	伊斯坦布尔大学
76	2014 年	荷兰	格罗宁根体育管理学院
77	2014 年	丹麦	南丹麦大学
78	2015 年	韩国	朝鲜大学
79	2015 年	英国	拉夫堡大学
80	2015 年	西班牙	武康大学
81	2015 年	立陶宛	立陶宛国立体育大学
82	2015 年	拉脱维亚	拉脱维亚国立体育大学
83	2015 年	拉脱维亚	里加教师培训与体育管理学院
84	2015 年	德国	新勃兰登堡大学

续表

序号	年份	国家	校名
85	2015 年	比利时	布鲁塞尔自由大学
86	2015 年	美国	南犹他大学
87	2015 年	美国	佐治亚州立大学
88	2016 年	英国	伦敦南岸大学
89	2016 年	捷克	帕拉茨基大学
90	2016 年	法国	巴黎第一大学
91	2016 年	德国	美因茨大学
92	2016 年	爱尔兰	利莫瑞克大学
93	2016 年	葡萄牙	里斯本大学
94	2016 年	美国	东斯特劳斯堡大学
95	2017 年	英国	奇切斯特大学
96	2017 年	法国	法国国立体育运动学院
97	2017 年	法国	法国国立登山滑雪学校
98	2017 年	英国	南威尔士大学
99	2017 年	荷兰	海牙应用科技大学
100	2017 年	意大利	罗马体育大学
101	2017 年	芬兰	拉普兰大学
102	2017 年	芬兰	于韦斯屈莱大学
103	2017 年	加拿大	加拿大不列颠哥伦比亚大学